高校财务管理的多维度创新研究

丁蓉菁◎著

文化发展出版社
Cultural Development Press
·北京·

图书在版编目（CIP）数据

高校财务管理的多维度创新研究 / 丁蓉菁著．— 北京：文化发展出版社，2023.10
ISBN 978-7-5142-4123-5

Ⅰ．①高… Ⅱ．①丁… Ⅲ．①高等学校－财务管理－研究－中国 Ⅳ．① G647.5

中国国家版本馆 CIP 数据核字 (2023) 第 207521 号

高校财务管理的多维度创新研究

丁蓉菁 著

出 版 人：宋 娜
责任编辑：岳智勇　　责任校对：侯 娜
责任印制：杨 骏　　封面设计：守正文化
出版发行：文化发展出版社（北京市翠微路 2 号 邮编：100036）
网　　址：www.wenhuafazhan.com
经　　销：全国新华书店
印　　刷：天津和萱印刷有限公司

开　　本：710mm × 1000mm 1/16
字　　数：224 千字
印　　张：12.5
版　　次：2025 年 1 月第 1 版
印　　次：2025 年 1 月第 1 次印刷

定　　价：72.00 元
I S B N：978-7-5142-4123-5

◆ **如有印装质量问题，请电话联系：010-58484999**

前 言

高校财务管理是高校依据国家、地方性法规制度和办学方针，以实现学校办学目标为中心，组织各项财经活动，处理各种财务关系的一种管理活动。随着我国改革的不断深入，高等学校也经历了很大变化，这些变化都需要高校适应并探索新的发展空间。高校财务管理如不规范，将会阻碍高校教育持续发展。

在经济全球化、高等教育国际化背景下，高校的财务工作与人才培养、科学研究、社会服务等工作一样，其作用越来越重要。特别是 1999 年以来，我国高等教育陆续扩大招生规模，使我国高等教育从精英化教育阶段进入大众化阶段，基本适应了国民经济快速发展对各类人才的需求，满足了广大人民群众接受高等教育的愿望，为实现从人力资源大国向人力资源强国发展奠定了坚实基础。与办学规模相比，财政投入仍然远远不足，高校办学经费紧张的状况依然没有彻底改变，这其中有政府和社会投入不足的原因，也有办学资源没有充分有效利用和经费支出控制不严而造成损失浪费的问题。如何进一步拓宽办学经费来源渠道，更加科学地配置各种办学资源，有效地控制办学支出，提高办学资金使用效益，以解决办学资金紧张的问题，越来越成为高校财务工作的重要任务。

当前，我国高校呈现出办学自主化、经济利益多元化、经济关系复杂化、财务管理精细化的特点。为进一步完善现代高校治理工作的需要，高校财务工作必须紧紧围绕学校财务管理改革与发展这一核心，创新体制，搞活机制，加强监督，提高效益。

本书共分为六大章节，第一章为高校财务管理的概述，主要从三个方面对其进行阐述，分别是高校财务管理的内容、目标与环境、理论依据。第二章从五个方面对高校财务管理的基本内容进行介绍，即高校财务预算管理、高校财务绩效管理、高校会计人员管理、高校资产管理、高校成本管理。第三章从三个方面介绍了高校财务管理的创新背景，即新会计准则对高校财务管理的影响、互联网背景下高校财务管理的发展，以及教育产业化背景下高校财务管理的创新。第四章主要从高校财务管理的技术现状和高校财务管理的技术创新实践两方面，对高校财务管理的技术创新进行介绍。第五章为高校财务管理的模式创新，主要从两个方面进行详细阐述，分别是高校财务管理的模式现状和高校财务管理的模式创新实践。最后一章为高校财务管理的体制创新，从两个方面进行阐述，分别是高校财务管理的体制现状和高校财务管理的体制创新实践。

在撰写本书的过程中，作者得到了许多专家学者的帮助和指导，参考了大量的学术文献，在此表示真诚的感谢。但由于作者水平有限，书中难免会有疏漏之处，请广大同行批评指正。

丁蓉菁

2023年3月

目录

第一章　高校财务管理的概述

财务管理作为一项专业性、综合性都很强的管理工作，在任何组织或机构中都处于各项管理工作的核心位置，高等学校财务管理工作也是同等重要。本章主要内容为高校财务管理的概述，主要从三个方面进行阐述，分别是高校财务管理的内容、目标与环境、理论依据。

第一节　高校财务管理的内容

高校财务管理是一个系统的管理工程。它不仅仅是财务部门的管理问题，还涉及资金的各环节管理、实物资产管理、高层决策指挥管理、经济事项审批、内部监督控制等方面。

高校财务控制内容是在实现高校财务管理目标的过程中，对经济活动内容所实施的控制。高校财务管理内容包括资金筹集、分配、使用的管理，涉及预算、实施、决策、控制、分析、监督管理等环节。财务控制思想贯穿在财务管理的整个过程中，管理过程中有控制的思想，控制过程中有管理的内容，财务管理与控制是不可分割的整体。

一、资金的筹集

资金的筹集渠道主要有财政拨款、向主管部门申请各类专项资金、收取学费及筹措其他各种收入等。这项管理内容涉及资金收入预测和实施环节，即对筹集的资金项目和筹资总额进行预测，并对预测行为付诸实施，以取得实际的筹资收入。

二、资金的分配

资金的分配是指根据学校的发展规划进行资金使用额度的预算分配，即将筹集的资金投向于哪些方面。这项管理内容涉及预测和决策环节，即支出总额的预测、资金投向的决策等。

三、资金的使用

资金的使用是在资金分配的基础上进行的支出管理和控制。根据各项目的资金预算，对项目资金使用过程进行监控，使支出范围和支出金额符合预算的要求。这项管理内容涉及控制、分析环节，即控制超预算支出、分析预算执行情况等。

资金筹集、分配、使用都涉及监督管理的环节，必须由作为第三者的内部审计部门予以监督控制。

第二节　高校财务管理的目标与环境

一、高校财务管理的目标

高校在组织财务管理活动中所要达到的目的就是高校财务管理的目标，这也是做好高校财务管理工作的前提。“在目前的新环境下，高校财务管理目标应该以高校价值最大化为目标。”①

高校财务管理目标具有自身的独特性，它不是一个独立存在的目标，而是以高校发展总体目标为前提，在高校发展总体目标的框架内，确定为高校发展服务的财务方面的具体管理目标。因此，高校财务管理目标不是一成不变的，而是随着高校发展目标的变化而变化，但基本的管理目标是确定的。高校属于公办学校性质的事业单位，为国家的经济社会发展服务，提供教育准公共产品。高校财务管理根据其特点，在组织财务管理的活动中要达到以下几个目标。

---

① 黄兰霞．论高校财务管理目标及实现路径[J]．内蒙古科技与经济，2008（11）：71；73．

（一）基本目标

高校财务管理的基本目标是要建立能有效管理、有序运行的财务管理和控制系统。高校财务管理工作的前提就是建立健全内部管理制度，采取有效的控制措施，这不仅有利于高校资源的合理配置，还有利于保护财产物资的安全完整，建立岗位责任制，还能防范和发现内部和外部的违规、违法行为。一个运行有效的高校财务管理系统是高校正常运转的保障。如果财务管理一片混乱，实现财务管理的其他目标就无从谈起。高校的正常运转也会因此受到影响，所以建立运行有效的财务管理系统是高校日常工作财务管理的基本目标。

（二）主要目标

筹资最大化即筹集高校发展所需要的资金最大化，也是高校财务管理的主要目标。筹资是通过各种渠道和方式筹措资金的财务管理活动，与追求利润最大化的企业财务管理目标不同，高校不是经营单位而是教育事业单位，筹资最大化才是高校财务管理的目标。

高校的资金来源总的来说以政府投入、学费收入为主，其他收入为辅。学费是政府审批的事业性收费项目，由高校收取用来补充教育经费的不足，是筹资的重要组成部分，但受学费标准和学生人数的限制。其他筹资项目如社会捐资助学等，筹资的范围更为广泛。高校应该积极申请政府各项专项资金和争取社会的捐资助学，以达到筹资最大化的目标。

（三）终极目标

资金使用效益最大化即高校筹集的资金发挥最大的使用效益，这是高校财务管理的终极目标。如果资金使用不做效益评价，盲目或随意支付资金导致的资金大量浪费，那么筹资再多也是无济于事的。资金使用首先要保障高校的正常运转，其次要服务于高校发展大局，将资金重点投放到学校规划和优先发展的项目上，同时必须进行资金使用效益评价，投一个项目成功一个项目，才能实现资金使用效益最大化的目标。

二、高校财务管理的环境

高等学校参与培养创新精神和实践能力兼具的专业人才的事业活动，是实施学生高等教育的机构。高等学校以培养人才为核心，开展教学、科研和社会服务等活动，主要提供能达到国家规定标准的教育教学方面的服务；国家举办的高等学校实行中国共产党高等学校基层委员会领导下的校长负责制；高等学校的校长、副校长按照国家有关规定任免，《中华人民共和国高等教育法》已对高校的设立、组织、功能做了明确的规定。

从高校的设立和管理体制看，高等学校是被赋予了各种社会、政治和行政功能的教育机构。高校财务管理是在高校特定的政治、经济环境中进行的，高校财务管理的环境由外部的大环境和内部的小环境构成。高校财务管理受行政和政治因素的影响，有时会超过经济因素本身的影响，因而并非纯粹的经济管理，高校财务管理的效果是经济、政治和管理人员职业素质等因素共同作用的结果。高校财务虽然不像企业那样存在内部人控制问题，但行政因素的影响也会导致掌控“经济权人”偏离正常的经济轨道，因此管理人员的职业素质在高校财务管理中是最重要的因素。高校处于特殊的经济、政治环境中，在遵循经济规律管理高校财务的同时，要兼顾政府行政管理的要求，兼顾教育的社会功能。

第三节　高校财务管理的理论依据

一、权变理论

（一）权变理论的含义

权变理论，又称情境理论。兴起于20世纪60年代末70年代初，它与经验主义学派息息相关，并在此基础上进一步发展起来，是西方组织管理学中主张随机应变思想而形成的一种管理理论。

权变理论的兴起，普遍受到重视。探析原因，这就要结合历史背景分析。20

世纪70年代，世界经济受到石油价格的变化的影响，进而引发了石油危机，对全球经济造成严重冲击。同样的，石油危机也引发了美国社会经济的骚乱和社会环境的不稳定，企业也由于所处环境的不稳定，人人自危。以往的管理理论，如科学管理理论、行为科学理论等，主要侧重于研究加强企业内部组织的管理，并且这些理论大多都在追求普遍适用的、最合理的模式与原则。当企业面临外部环境的不确定时，这些理论则难以派上用场。因此在这种特殊情况下，人们必须采用具体情况具体分析、应对的方式处理管理问题。于是形成了一种管理取决于所处环境状况的理论，即权变理论。

权变理论认为，在实际管理的过程中要因地制宜、随机应变，对于组织所处环境的不同和内部条件的发展变化都要做到可以及时调整方向和做法，不存在任何场景下都能通用的原则和方法。对组织内外状况的充分了解和有效的应变策略是成功管理的关键。

权变理论的核心概念是指世界上没有循规蹈矩、一成不变的管理模式。管理是非常考验实操性的技术，权变管理也是一门深奥的艺术。一个杰出的领导者应该能做到随着时局变幻，作出当下最合适、最合理、最高效的决定，根据环境的不同更改自己的领导方式。

权变理论认为不存在有任何普遍通用的管理准则，没有所谓的最好的办法去组织企业、领导团队或者制定决策。某一个组织形式或领导风格也许可以在某种情况下产生奇效，但并不能保证在不同的情况下也能使结果最优化。在决策上的组织形式或领导风格还是要取决于组织内部或外部的因素。

（二）权变理论与高校财务管理

高校的学科建设处在不断变化的内外环境中。高校的学科建设受到多种因素的共同影响，管理者要充分利用权变理论的思想，关注学科建设，决定高校管理活动的持续或终止。高校是一个系统工程，在这个系统中，管理对象在不断变化，管理理论和技术也在不断发展，不仅指高校管理所遵循的教育学、教育管理学等理论在发展，而且与高校管理理论有关的其他学科，如系统论、控制论、信息论、电子计算机理论等，也在不断地充实高校管理论。

权变理论的核心是要用发展的眼光看待管理的方法，实行动态管理，不存在通用任何组织的管理准则。在高校管理中，权变理论支配下的动态管理有三个基本观点：第一，管理无最佳模式，即对学校的组织和管理，不存在一种最好的通用办法；第二，情景管理，即在一个特定的情景中，并不是所有的组织和管理的方法都是同样有效的，效率有赖于结构设计或方式是否适合一定的情景；第三，具体问题具体分析，即组织设计和管理方式的选择，必须建立在对情景中的重大事件进行细致分析的基础上。因此，高校管理与权变理论的结合要充分发挥权变理论的作用，系统全面地分析内外部环境特点，了解影响高校管理工作的多方面因素，实现高校管理的发展和创新。

高等教育体制的改革使得学校的投资主体已经从过去单一的财政拨款变成以国家投资为主的多元化投资主体，高等教育的本质属性也由过去的非营利性、公益性，延伸到了产业性。高校在这种背景下，必须建立一种合理的财务管理模式，才能高效利用有限资源。市场经济的确立，为高校开辟了多渠道、多领域的多元化筹资渠道的同时，又使高校面临着高风险、高收益的复杂局面。高校作为非营利性的事业单位决定了学校既不能全部依靠举债来发展，也不能过分扩张陷入破产，但同时又要面对规模发展与经费短缺的矛盾。这就考验了高校财务管理在权变理论下能否找到最合适的路。

二、委托代理理论

（一）委托代理理论的起源

委托代理理论是制度经济学契约理论的主要内容之一，主要研究的委托代理关系是指一个或多个行为主体根据一种明示或隐含的契约，指定、雇佣另一些行为主体为其服务，同时授予后者一定的决策权利，并根据后者提供的服务数量和质量对其支付相应的报酬。委托代理理论是 20 世纪 60 年代至 70 年代初被经济学家们在研究企业内部信息不对称和激励问题时发展起来的，它是过去几十年中制度经济学最重要的发展之一。它被广泛地应用于企业分析，目前也逐渐地被应用于社会科学的各个领域。委托代理理论的中心任务是研究在利益相冲突和信息不对称的环境下，委托人如何设计最优契约激励代理人。

委托代理理论从不同于传统微观经济学的角度来分析企业内部、企业之间的委托代理关系。在企业的经营管理中，或多或少地会出现粗心大意和奢靡浪费的行为。这就涉及代理问题，揭示出经理人员与投资者之间潜在利益的不一致。直到伴随着规模庞大的开放型公司的大量出现，委托代理问题变得更加频繁、突出，许多经济学家开始研究委托人怎样才能有效地控制和监督代理人的行为。

（二）委托代理理论的基本观点

委托代理问题存在的根本原因是信息不对称。委托代理关系起源于“专业化”的存在。当存在“专业化”时就可能出现一种关系，在这种关系中，代理人由于相对优势而代表委托人行动。委托代理关系是随着生产力大发展和规模化大生产的出现而产生的。原因有两方面，一方面是生产力发展使得分工进一步细化，权力的所有者由于能力、精力等原因不能行使他所有的权利，另一方面是因分工的细化，出现了很多有专业能力的代理人，他们有精力、有能力代理行使好被委托的权利。但在委托代理的关系中，委托人追求自己财富最大化，代理人追求自己收入和休息时间等最大化，二者的效用函数不一样，这就必然会导致两者的利益冲突。

在对称信息情况下，代理人的行为可以被观察到。委托人可以根据观测到的代理人行为而实行奖惩。在非对称信息情况下，委托人不能观测到代理人的行为，只能观测到相关变量，这些变量由代理人的行动和其它外生的随机因素共同决定。委托人的问题是选择满足代理人参与约束和激励兼容合同，以最大化自己的期望效用。

通常情况下认为公司内部存在的委托代理关系是约瑟夫·斯蒂格利茨（Joseph Eugene Stiglitz）所说的股东（所有者、委托人）与经理层（经营者、代理人）之间的关系，但实际上公司更像是多重委托代理关系的集合体，委托代理关系存在于每一管理层级。为了降低代理成本，委托人会采取必要的监督和保证措施，如审计、规范控制系统、预算限制和激励制度等。

（三）委托代理理论与高校财务管理

委托代理理论在高校管理中也存在实际应用情况。总的来说，存在两种委托代理关系：第一种是上级主管部门和高校之间的委托代理关系。上级主管部门是委托人，高校是代理人。第二种是高校内部上级和下级之间的委托代理关系，高校是委托人，二级单位是代理人。我国高校财务管理体制改革的核心就是既要使高校管理者能有最大的自主权管理好高校，又要对高校管理者进行有效的监督和约束，保证国家的利益。

想在高校财务管理中建立健全有效的激励约束机制，就要坚持权、责、利相统一的原则，最大限度地调动代理人的积极性，在发挥其主观能动性的同时，要确保代理人的行为目标与委托人的要求一致，这样能有效杜绝代理人凭借信息差的优势以权谋私的情况。

高校的报酬激励机制主要是由固定工资、岗位津贴、奖金等组成。固定工资是稳定的收入来源，保障高校工作人员的生活基本需求，满足其基本的规避风险的追求，但固定工资对于工作人员的激励作用不够强烈。奖金的激励是最强的，这种激励功能来自依据个人劳动贡献不同所形成的收入差别。利用这些差别，使雇员的收入与劳动贡献联系在一起，起到奖励先进、鞭策后进的作用，但不能起到长期作用。岗位津贴是指对特殊条件下工作的劳动者的额外劳动消耗和额外生活费用支出的补偿形式，如果配以合理的考核，结合固定工资与奖金的优点，就能更好地发挥激励的作用。

高校管理制度必须要逐渐建立健全内部监督约束的机制。现代公司制企业中的法人治理结构，通常建立由股东大会、董事会、经理人员和监事会构成的权力相互分离和制衡的机制。这种机制体现了所有者及其他利益相关者对高层经理人员的要求，也起到了对高层经理人员的组织监督约束的作用。受此启发，高校管理要通过教育立法和建立完善可行的规章制度管理条例，在各职能部门与教职工之间、高校内部各职能部门之间、上级政府与高校之间建立起权力相互分离和制衡的机制。

三、集权和分权理论

（一）集权和分权理论的含义

一个组织中集权和分权的问题不能脱离决策过程而孤立存在，有关整个组织的决策必须是集权的，同时，由于一个组织内决策过程本身的性质，分权也是必需的。

（二）集权和分权理论与高校财务管理

长期以来，我国高校的财务管理实行的是集权制，财务的决策权集中在校级。学校把各项资金分类拨发给各学院，学院几乎没有灵活使用资金的权力，这不利于各学院办学的积极性，但过于下放权力又可能导致各自为政。因此分权的前提是在统一领导下，即在严格学校统一的财政方针政策、财政收支计划和财务规章制度的基础上，给学院以下几个方面的管理权：在学校统一财务收支计划下，学院有权对学校下发的预算经费和分配的资源进行统筹安排和使用；在学校统一财务规章制度下，学院有权制定财务规章制度的实施办法；在学校统一财会业务领导下，学院有权管理本级会计事务。对于高校是采取统一领导、集中管理，还是统一领导、分级管理的财务体制，应与本校的性质、规模，以及人力、财力、物力相适应，根据自身的财务状况形成适合自身的财务管理体制。

四、管理幅度理论

（一）管理幅度理论的含义

管理幅度是一名领导者直接领导的下属人员数。任何领导人员，因受其精力、知识、经济等条件的限制，能够有效地领导下级人数是有限度的，超过一定限度，就不能做到具体、有效的领导。一个领导者能直接有效地领导的下属人员数，称为有效管理幅度。管理幅度是古典管理学派首先提出的，古典管理理论认为，每一个上级领导人所管辖的相互之间有工作联系的下属应为5～6人。

现代组织理论与设计全面地、广泛地吸收了不同时期不同学派的研究成果，确立了关于管理幅度设计的科学指导思想。概括起来有三点：第一，管理幅度是有限的；第二，有效管理幅度不存在一种普遍适用的固定的具体人数，它的大小取决于若干基本变量，也就是影响因素；第三，组织设计的任务就是找出限制管理幅度的影响因素，根据他们影响因素的大小，具体地确定特定企业各级各类管理组织与人员的管理幅度。

管理幅度设计要考虑以下几个因素：其一是管理工作的性质；其二是人员素质状况；其三是下级人员职权合理和明确的程度；其四是计划和控制的明确性及其难易程度；其五是信息沟通的效率和效果；其六是组织变革的速度；其七是随着商品经济的发展，企业规模和市场范围日益扩大，企业组织形式和经营方式日益多样化，因而要注意企业组织在空间上的分布情况。

（二）管理幅度理论与高校财务管理

管理幅度理论在高校管理上也有应用。在高校管理体制改革前，高校大都采用统一领导高度集权的管理体制，这是因为当时普遍规模不大，人员不多，管理上还比较容易。相应的，高校财务管理方面也实行高度集中的财务管理体制，校级部门把控财务的所有权和使用权。这种财务管理体制符合当时的国家经济背景，即高度集中的计划经济体制。这种机制在对下属单位的宏观调控方面起着积极的作用，在促进高校全面发展上有着时代意义。

基于解决经济和就业问题的扩大普通高校本专科院校招生人数的教育改革政策实施，高校组织规模不断扩张，高校学院设置增多，校级机关要负责的管理事务也更加复杂。若是依然采取统一领导高度集权的管理体制，工作任务的翻倍增长必然会导致管理效率的降低。从实际出发，高校必须优化管理制度，调整管理幅度，增加管理层次，实现管理重心下移，使高校下属机构学院成为具有财务权、人事权的实体单位，使集中管理转变为分权管理。

高校财务管理改革就是要对高校内部组织结构重新设计及对内部功能重新划分，这是为了解决高校对学院的管理调控的问题和提高学校资金使用效率的问题。后者通过让学院成为自主理财实体，提高其理财的积极性和创造性。

第二章　高校财务管理的基本内容

本章主要从五个方面对高校财务管理的基本内容进行介绍，即高校财务预算管理、高校财务绩效管理、高校会计人员管理、高校资产管理、高校成本管理。

第一节　高校财务预算管理

一、高校财务预算管理的概念

从本质上来说，高校不是传统意义上的企业，盈利并不是高校的最终目的。但若想提升资金利用的合理性，做好前期的预算管理工作及分配和规划工作是必不可少的。目前，大多数高校能够认真对待预算编制工作并认真执行，而这只是预算管理工作中的一部分。目前高校在预算控制和预算评价工作方面还有很多欠缺，需要不断完善。这二者也是本书探究的关键。

高校财务预算管理，顾名思义，就是高校依据学校预算，通过财务活动对学校的教学、科研、行政、后勤等方面进行管理和监督。高校财务预算管理包括预算编制、预算执行、预算调整与监督及预算实施的绩效考核等方面。高校财务预算管理的核心意义就是合理配置高校资源以便协调好各部门关系、规划控制日常管理和教研活动的运行等。

总之，高校为实现预算目标，而在有限的时间内管理财务的收支计划所产生的一系列经济活动就是高校的预算管理。预算管理包括预算的编制、审批、执行、调整、分析、监督、考评等管理活动。

二、高校财务预算管理的原则

高校进行财务预算管理工作时，应做到以“量入为出、兼顾公平、效益优先”为收入预算的管理原则，以“统筹全局、勤俭节约、保证重点”为支出预算的管理原则。此外，高校预算管理应确保实现收支平衡。

（1）预算管理遵循“量入为出，收支平衡，效益优先，兼顾公平”的基本原则。“以收定支，收支平衡”是收支预算的基本管理原则，在进行资源的预算分配时，以在公平合理的情况下追求最佳效益为分配的依据和标准，同时要考虑学校的统筹发展。

（2）收入预算遵循“积极稳妥”原则。高校必须以“积极稳妥”作为收入预算编制原则，精准把握教育发展机会，积极开拓筹资渠道，增加各项资金的收入。按照国家有关规定将学校全部收入纳入预算，不高估、不遗漏、不重复，根据实际情况及各种影响因素作出详细的收入预算编制，确保收入项目内容翔实、数据测算可靠。

（3）支出预算遵循“统筹兼顾，保证重点，勤俭节约”的原则。高校预算支出总量安排必须根据收入情况进行把控，在高校的综合财力范围内作出合理的支出计划，量力而行，一般不做“赤字”预算。财务人员应科学核定预算项目的所有数据，在预算编制中体现出各个教育学科的差异情况及学校的办学方向，以迎合学校的发展目标。贯彻厉行节约、一切从实际出发，坚持“一要吃饭，二要发展”的总体思路，保证重点，统筹兼顾，科学、合理安排资金，最大限度地提高资金使用效益。

三、高校财务预算管理的问题和原因

伴随高校教育事业如火如荼地开展，内部管理制度日渐完善，更多的高校意识到了预算管理对高校发展的重要性，并进一步改进和发展了预算编制和预算控制等方面。目前，各大高等院校对预算管理的认知仍不够全面，在实际的实践中仍存在很多盲区，预算管理体系不健全仍是高校在预算管理方面存在的主要问题。甚至仍有一部分高校管理人员凭借经验采用粗略的估算手段进行预算编制，导致预算执行不规范，频繁调整预算项目经费额度，缺少全面、科学的预算执行情况总结报告。

（一）高校财务预算管理的问题

1. 财务预算编制中的问题

（1）预算编制的前瞻性和科学性有待提高

高校以往一直将历年日常收支情况作为编制预算的主要依据，缺少科学的分析，无法根据高校实际的收支能力作出具有前瞻性的预算编制，难以对高校未来的发展产生实质性的作用。长此以往，本就预算虚高的某些部门闲置可支配的资金更加富余，而有些能够收获高效益的项目却因没有足够的资金支持，难以获得预期收益甚至在执行过程中搁浅。不科学的预算编制造成了资金分配不合理，严重影响了预算项目的执行和资金的利用效率，进而对高校教育事业的整体发展造成了不良的影响。

预算编制人员应了解学校教育事业整体发展规划，了解学校下一预算年度的发展计划，根据学校的发展方向进行预算编制工作。预算编制人员还应与其他各个部门建立长久、密切的联系，听取各个部门成员提出的优秀、可行的建议，提升预算编制与高校各方面发展的黏合度，全面为预算编制赋能增值，做出最佳的资源配置方案，实现资源的高度共享、高效利用。避免因缺少实际信息的支持导致预算方案与高校的实际需求相背离，造成预算控制失效。

预算编制人员在预算项目拟定具体的预算收支方案时，由于缺少科学的论据，就会导致决策出现导向性的失误。高校实际校内教职人员、科研人员的各项经费预算的校内津贴部分的考核形式较为烦琐、考核制度不够合理、对考核过程及结果的监管力度不足，不能有效预防学术腐败，科研态度不严肃，科研报告敷衍了事，甚至出现学术不端的问题，科研教学质量堪忧。目前，很多高校采用了新的拨款机制即综合定额的办法，用以确定各项公用经费的开支预算，但由于其组成成分无法确定，计算动因不够科学，导致论证不足以制订出最科学、最合适的综合定额。而在项目支出管理方面，对预算申报的管理机制并不完善，虚报预算的情况非常严重。

高校对预算编制的监督缺位也是造成预算编制缺乏科学依据的原因之一。预算编制是高校财务管理的一项重要工作，高校各个职能部门和二级学院都应积极参与预算编制的协调性论证，对预算编制工作进行全面监督。而实际上，财务部门承担了预算编制的主要工作，由于缺乏有效的监督，因此在预算中产生了一些与学校实际需求相背离的项目安排等。此外，由于高校考核经费支出的标准并不科学，预算管理部门较多关注经费进度，这种判定方式的不科学和不合理对支出预算的公平性造成了严重的影响。

（2）预算编制缺乏足够的风险意识

依据当前学校预算管理工作开展的情况，主要工作内容还是对各预算项目经费执行进度统计和反馈，预算执行过程中对不同时段资金流动的规律缺乏系统分析，预算编制人员风险意识较低，对筹资需求的调研不全面、不系统，筹资能力、资金到位情况、偿付能力等方案不系统、不科学，对高校的实际情况判断不准确，造成资金筹措的进度安排和额度与高校的发展规划不匹配，直接制约了一些重大项目的推进进程，从而导致一些重大项目没能按期实现。高校债务预算编制的准确程度一直是高校预算管理工作中的一个主要风险点。众多高校为推进教育事业的高速发展，迅速扩张了学校的规模，银行贷款成为获取资金的主要渠道的同时，巨大的偿债压力逐渐形成，有些高校非但无法偿还本金，就连利息都不能保证按期偿付，这种情况的出现与债务预算编制的不科学有直接关系。还有采用多校区模式办学的高等院校，需要承担更大的财务风险，如学校经费的投入更加分散难以掌控、办学成本增高等，这种办学模式抗风险的能力也较弱。

（3）预算编制内容不够全面

目前，高等院校对全年的总收支实行了综合预算管理。就高校的建设和发展理论而言，其预算编制应综合反映出各项资金流动运转的整体面貌。但实际上高校不断开拓筹资的渠道，资金收入不断增长，而某些院系脱离了高校预算体系的监管，使资金的运转失去了高校预算管理的控制，造成了贪污、腐败，影响了高校的管理和形成了不良的教学风气。据纪检部门对高等院校违规经济行为的调查和统计显示，在高校预算管理之外的资金款项主要有部分专业办学收入的截留；通过一些培训项目向学生收取的住宿费或其他服务费并滞留于二级单位；按学校规定应上缴的资料及培训等方面的费用；各部门应上缴的对外提供服务收入；出租出借、处置国有资金的收入等。

实际上各大高校往往只根据教育事业发展产生的各项费用编制收支预算，其中并没有考虑到科研方面、运营方面、基建方面等各项收支，在预算编制时没有落实“大收大支”这一原则，“大预算”这一格局也没有形成。

高校预算编制人员对收入的估算不准确，主要体现在财政投入、学费、科研经费收入及其他方面收入。每年财政拨款指标的下达相对于学校预算的发布要滞后一些，特别是项目结转资金。同时高校在预算执行的过程中还有申请追加财政拨款情况，更加剧了预算编制人员估算收入的难度，从而影响整体收入预算的编制；高校通常在本年末对下年度学费收入进行测算，由于新生的实际入学人数、老生的实际在读人数都存在不确定性，所以学费收入测算难以准确，一般是参照新生录取人数按照历年的报到率折算、老生在校人数历年的学费收入情况做增量预算，做出的收入预算和实际情况会出现较大差距；而各项科研经费由于其来源、拨款方式、报账时间、科研周期等都存在差异性、不确定性，科研收入预算要做到准确难度也很大。高校不管是收入预算还是支出预算，都有一些不确定因素的存在，所以两者预算都很难准确。相对而言，支出估算容易一些，但在支出预算执行时仍会存在不可控情况，进而影响支出预算科学预测，因此，高校需安排一部分机动经费保障各种突发事件的资金需求。然而机动经费的预算也是个难点，若保留的机动经费过多，会影响其他项目经费的安排，甚至导致有些项目因经费不足而推迟，而机动经费过少时，则会降低高校应对突发情况的应急保障能力。

（4）预算编制方法科学性有待提高

目前，高校预算编制方法主要有固定预算、弹性预算、增量预算、零基预算、定期预算与滚动预算。实际操作中，高校大多采用增量预算方法进行预算编制。这种方法操作便捷、简单，也有理论支撑。但是实际操作被人为简化，这样编制的预算与实际情况肯定会脱节。这种预算编制方式以前一年的收支预算为基础，同时结合当年实际需求，如果对前一年收支预算中非常规项目考虑得不够充分，对当年新增的项目预算考虑不全面，容易使资金在校内的分配比例逐渐固化，引发各部门盲目扩张预算项目规模，导致资金利用率逐年降低，资金浪费现象愈演愈烈，进而导致高校某些优质项目、重点项目无法获得足够的资金支持而搁置。

目前，有些高校在进行编制预算时，采用了零基预算的方法，这种方法常用于企业单位的预算编制中，是高校加强预算管理的一种积极大胆的尝试。但这种零基预算方法在我国高校的推行中仍存在以下几种问题。

①零基预算这种方式适用于管理结构精简、职责分明、决策机构明确并能确保决策有效的情况。实际上当下我国的高校普遍还不能满足使用零基预算法的条件，而在这种现状下若一意孤行使用零基预算法，将造成决策单位不明确，导致高校所做出的“一揽子”决策中存在巨大偏差，影响资金的支配，降低资金利用率。

②目前这种方法只能反映出高校日常的经费收支预算，无法反映出预算内某些支出的预算，如事业发展性质和建设性质的支出预算项目，更无法反映出各部门的自有资金和预算外资金。

③使用这种方法对基本支出预算进行编制时，若各下属单位、部门提供的信息数据不够准确、完整，甚至混淆一些不真实的数据，就会导致做出的决策有明显的主观随意性，另外有些项目具有较强的灵活性，其指标范围不易确定，加剧了高校制定的“一揽子”决策方案的不确定性。

④零基预算法对预算编制的技术有很高的要求，且编制的过程十分烦琐，需进行系统的预算分析并构建数学模型，预算信息的收集和处理工作量非常庞大，使零基预算的可操作性大幅降低，难以推广。

（5）预算编制人员综合素养待提高

预算编制是预算管理的重要工作，对高校的财务管理和整体发展规划都有非常大的影响力。预算编制需要高校全员参与、全部门参与协调论证。然而，目前高校预算工作的现状是：由财务部门独立承担，不透明、不公开，下属各单位、各部门仍不了解预算编制在各部门甚至高校整体发展中的重要性，存在预算编制仅由校领导层及财务管理部门负责的错误认知，对预算编制的参与度不足，导致对预算编制的监督力度不足，对于预算执行中不科学、不合理的地方无法及时调整，对资金的分配、使用乃至高校教育事业的发展造成了影响。

同时，预算人员的综合素养也直接影响预算编制的规范。当预算人员工作标准、工作态度不尽相同时，就极有可能会出现对预算编制口径产生片面理解或理解偏差，从而影响预算编制的质量和规范性，容易造成资金安排的随意性，不利于资金效益的提升。比如，有些高校把立项的横向课题按照到账金额大小，区别管理，将10万以下的所有立项横向课题全部放在一个经费项目中核算，无法清晰地反映每一个立项项目的收支结余情况，对科研项目预算管理还停留在粗放型状态，和精细化的要求相差甚远，同时该做法也违反了预算编制的明晰性要求。

（6）预算编制时间不合理

预算编制的时间安排影响着预算编制的质量，编制的时间越充分，质量越高。目前，各大高校一般在每年的12月才下达下一年度预算编制的工作通知，要求1月完成，只有不足两个月的时间。然而预测编制需要收集并整理、分析大量的数据信息，这段时间不足以预算人员找到充足的论证，更不够对重点项目作出细致的分析。匆忙地收集、整理、统计及分析大量的数据信息，再高的工作效率也无法弥足预算编制时间的不足，因此，造成了预算编制的质量低、不准确、没有足够的科学依据，在未来预算执行的过程中产生追加经费的情况是必然存在的问题。时间的不合理，对预算管理的严肃性、科学性产生了严重的影响。

2. 财务预算执行过程中的问题

高校编制的预算，一经批准，即具有权威性和严肃性，应严格落实。目前来看，高校在预算执行过程中或多或少存在一些问题。

（1）预算执行机制不健全

目前，高等院校监督、管理、控制预算执行的机制仍不完善，导致实际支出与预算编制口径不符的现象时有发生。高校对项目支出的管控不到位，项目之间经费的实际使用情况存在混用、串用现象，报销的经费类别、用途等都不明确。部分高校内部的预算拨款管理仍使用传统的成本中心模式，向管理部门分配预算支出的指标，再由管理部门向院系或具体预算项目逐级分配预算支出的指标，而在实际执行中，由于预算管理的监管力度不足、编制不够详细、中间环节缺失监督管控等问题，很容易产生截留经费现象，造成预算下级单位、部门资金短缺，影响高校整体的发展。

（2）预算执行缺乏约束力

高校预算一旦通过了审批，校内任何单位、部门或个人都无权更改。但在实际预算执行时，预算的权威性和严肃性都得不到应有的重视，预算执行、预算调整比较随意。同时，高校在预算收入方面存在入账不及时和长期挂账的问题，直接导致财务报告数据失真；高校支出预算方面也存在很多问题亟待解决。如高校各部门对预算指标分配关注得太少导致其到位率低；各部门浪费资金的现象严重，缺乏节约意识；对人员管控力度不足，因人为因素导致预算频繁追加；预算数常达不到实际的年度支出总额，导致预算项目无法顺利执行。由此，高校的收支严重失衡，预算管理发生偏离，削减了高校约束预算执行的能力。

（3）预算下达不及时

高校的校内预算一般会在当年 4 月前后下达，下达时预算年度已经过去了四分之一，也就是说，在这四分之一的时间中高校没有有效的预算管理，为了维持运行只能参考上一年度的指标分配情况做赤字预算，这种赤字预算给高校当年的预算执行埋下了巨大隐患，不仅影响了预算的权威性及执行的严肃性，还对高校管理造成了不利的影响。

3．财务预算控制中的问题

财务预算控制是高校预算管理中不可或缺的环节，应当建立完善的预算控制体系，强化对整体预算流程的监管力度，才能使科学的预算方案达到预期的效果。目前仍有很多高校对预算控制没有充分的认识，预算控制体系不完善，控制力度不够导致预算管理部门无法快速对预算执行中出现的各种问题作出反应，其权威性逐渐降低。预算控制体系通常包括事前、事中、事后三个阶段的内容。

（1）事前控制的问题

大多数高等院校对教育事业没有详细具体的长期发展规划，校内资源的配置存在很多不合理的地方，甚至部分高校没有对当前年度和下一预算年度的财务状况、运营能力、资金的流动性等作出详细的分析和判断，这些现象都表明高校存在着预算执行前管理不当的问题。此外，事前控制不当还包括预算下达延迟的问题。高校的预算包括了整个预算年度内的事业规划、收支项目及高校当前年度的发展目标等，预算下达前，高校没有有效依据来进行预算管理工作，只能参考上一年度的预算编制及执行情况进行当前年度的预算编制，导致事前控制变成了事后的预算，失去控制作用，而这种情况必然会导致高校预算脱离实际，预算不准确、不科学，致使高校对未来的预算项目的事前控制力度降低，影响高校预算管理工作的有效开展。

（2）事中控制的问题

我国高校预算管理偏重事后控制，事中控制重视不够。其实，预算一经批复，高校就应做好事中监督控制的准备。由于高校对预算执行期间的管理受限，且缺乏事中管控的责任感，导致预算管理部门无法实时详细地掌控预算的执行情况，无法在预算即将超标或需要追加经费支持时作出科学合理的分析。此外，对于预算申报口径与预算支出口径不一致导致、难以控制支出预算的问题，高校仍没有找到有效的解决办法。事中控制力度不够导致不合理的支出现象频繁出现，导致了资金的浪费，甚至滋生了腐败，产生了公款私用的现象。为了确保预算事中控制有效，高校应该高度重视对预算执行过程和审批制度的监督、控制力度，在审批权限方面，明确各单位、部门及个人的审批权限和需要承担的责任，规范各个部门负责人的审批范围，充分考虑彼此之间的权利牵制问题，规范审批流程，避免发生重复审批，保证预算能够高效、如期完成。此外，事中控制还须依据成本效益原则和重要性原则，简化一般项目的执行程序，严格管控重点项目经费使用，保证重点项目顺利完成，提高资金的利用率，保障学校的发展。

（3）事后控制的问题

目前，高等院校仍未全面认识到事后控制对预算执行的重要性，大多高校对财务审核、把关关注比较多，对财务数据（预算支出）的分析重要性认识不够。一般是只要对预算支出的合规性把好关，不出现超预算列支、无预算列支等情况就认为预算执行状态良好，但这种认知是片面的，只有做好事后分析工作，才能更好地掌控预算的执行情况，进而做出更加科学可靠的预算编制。事中控制不足直接影响了预算执行数据的可靠性，导致事后控制无法获得可靠的信息支持，无法作出准确可靠的分析结果，难以对下一年度的预算产生指导性意义，无法激励校内全体成员共同参与高校的发展。

4. 预算评价中的问题

（1）预算评价归口部门不明确

高校设置的各个部门都属于预算执行部门，只有全部教职人员共同参与预算的考核评价，才能够全面发挥预算管理的激励和约束的作用。然而实际上，我国高校预算评价职能界定不清晰，归口部门不明确，预算评价的体系尚不完善，预算评价无法全面实现，再加上高校对于每位教职工对预算的评价缺乏全面掌握，从而难以制订出能够有效激励和约束教职员工的措施。

（2）预算评价内容不具体

高等院校预算的评价体系涵盖对预算执行效果的评价和对预算组织工作的评价这两个层面，其中包含对预算编制的准确性、执行情况上报的及时性、控制分析的有效性等方面的权衡。关于评价指标的设定，高校可以引入平衡计分卡的考核形式，将财务指标、非财务指标考虑在内，评价预算流程、员工的成长进步空间及高校的发展潜力等方面。评价指标应具备简洁明确、易于操作的特点，且能够长期稳定地帮助高校完成内部自查工作，分析并总结预算执行经验，长期约束员工的行为、激励员工参与预算的编制。

（3）预算评价方法不科学

目前，高校的预算评价存在过于片面、简单等问题，得到的评估结果不够科学，进而无法制订严谨合理的奖惩措施。高校预算评价的方法除了固定的年终考核之外，基于预算年度末综合分析评估各部门预算项目的完成情况，还可以开展阶段性定期考核和随机性强的突击考核，防止机会主义，做好实际预算执行情况与预期目标之间差异分析，确保责任落到实处。目前有些高校在预算编制和预算执行中还存在一些不合理和不可控的因素，所以实际预算评价结果与设定的评价目标值偏差较大。况且高校预算评价体系本不够完善，评估的结果具有较强的主观随意性，致使实际的评价结果无法全面、有效反映当前预算年度预算执行实际情况，更不能奢望其对下年度的预算编制起到指导作用。

（4）预算评价制度不健全

科学可行的预算评价标准有助于高校制定严肃公平的奖惩制度。奖惩制度公正透明能够激励全体员工努力完成考核目标，督促员工约束自身的行为，促进高校早日实现战略目标。然而，目前各大高等院校的预算评价缺少科学有效的激励机制，奖惩制度不完善、奖惩方式单一、奖惩制度落实不到位、把奖惩制度挂在墙上了事的现象不在少数。这样一来，想做事的无动力，本就混日子的无敬畏，这样预算评价肯定有失公允，必然丧失其权威性。还有高校由于对预算评价过程缺少有效的监督，致使各部门为满足自身资金需求，虚报资金预算，导致大量资金闲置、造成资金的浪费。

（二）高校财务预算管理不力的原因

1. 对财务预算管理的认知不充分

许多高校对预算管理的作用没有充分的认知，这一点也会导致预算管理工作难以顺利开展。预算涉及高校所有方面的发展计划，预算管理需要全部职员共同参与和执行。目前我国不少高校认为预算和财务预算就是同一回事，把预算等同于财务报表和资金分配指标，视财务预算为财务活动的预算编制，包括很多高校领导都认为预算是学校财务部门负责的工作。进行预算申报时态度随意，对预算的执行不严格，由此产生频繁的漏报、错报现象。甚至有部门根据财务部门提出的项目，汇报工作充满主观性，虚报、多报经费，造成预算严重失衡，导致预算编制与预算执行严重脱节。

大多高等院校只关注实际使用经费总额是否超出了支出预算，缺乏对预算管理的系统认知，不够重视经费是否按照预算计划投入各个项目中，导致每到预算年度后期，各部门为预防下一年度经费减少盲目开支，任性消耗预算额度，造成了难以管理、资金使用混乱的局面。甚至有部分管理人员认为强化预算管理力度会抑制教职工开展教科研活动的热情。

高校在预算管理过程中较多关注资金的分配，只看到了全面的预算管理对整体教育事业发展的影响，实际上忽略了对资金使用过程的管控，以及对业务活动的监督管控。高校的预算管理系统并不完善，预算编制、业务活动等很多环节缺少有力的管控，缺少统一、完善的管理制度，预算管理中存在的各种问题，导致财务工作主观性强，进行困难。理论上来讲，预算管理不仅管理高校预算年度的各项预算项目的财务指标，还应将管理、教学、发展、科研等所有环节考虑在内，设计出详细的事业发展目标和计划，统筹管理财务、资源、业务，最大限度地发挥其在发展预测、财务筹划、组织协调方面的综合职能。

2．外部环境的复杂性

随着我国市场经济的快速发展，我国高等教育事业的发展日趋国际化，各大高校所面临的外部环境日趋复杂，对我国高校预算管理工作的开展带来了一些影响。

近年来，高等院校之间的竞争愈加激烈，各大高校不断扩大招生规模，很大程度上影响了高校的预算管理，如收入管理中学费收入这一项不断增加，学校规模扩大、教职员工队伍的扩充、教研能力的提升等都会造成高校实际支出总金额的剧增。高校激烈的竞争导致很多学校中一些缺乏专业特色或教学质量低的专业项目或者高校无法招收足够的生源，无法完成每年的招生计划，无法做出准确的学费收入预算，而其他各项预算计划也随着学生数量的变化充满不确定性，导致预算困难。

3．财务预算管理中的信息不对称

（1）高校和政府主管部门之间，主要表现为二者对高校预算项目的具体情况了解程度不同，高校预算项目能否批准立项、额度多少，很大程度上取决于项目申报者的综合能力及决策者的态度，因此导致了严重的虚报预算的问题。

（2）高校高层领导和预算编制人员之间，高校为满足生存、发展的需要，为不断提升社会价值实行预算管理，高校领导人希望预算编制人员能基于高校的实际发展情况，结合高校的发展规划和战略要求完成预算的编制，但在实际预算编制过程中，高校领导与编制人员之间存在巨大的信息差，编制人员需要综合考虑各方面的因素，要考虑收支预算的平衡及预算的执行等各种问题，因此，做出的预算编制往往脱离了高校的发展目标。

（3）预算的编制与执行之间，预算的编制方和执行方基本处于相对立的方向，预算编制人员为了学校的各项活动能够有序开展，通常会将支出预算的指标定得稍低，而对于作为预算执行方的高校各个下属单位及部门来说，他们都希望获得较宽松的预算，较高的支出预算指标能够缓解他们支配经费的压力，保证项目的顺利执行，双方信息的不对等将导致预算编制人员不了解哪些才是真正需要资金支持且收益潜力巨大或对高校发展比较重要的优质项目，进而无法合理分配资金，影响预算资金的整体效益和高校重点项目的推进。

4. 缺乏有效的权力制衡机制

预算管理中容易产生各种问题的一个关键性的原因就是在从预算的编制到执行再到评价的全部环节中，没有完善的权力制衡机制发挥监督、控制的效用。传统预算编制需要经历三个管理级层的审批，才能具有真正的效用，而在现行的预算管理体制中，职工代表大会不再具有更改预算的权利，只有否决预算权，但不影响预算的编制，因此，预算的编制方面仍缺少有效的监督管理机制。

预算编制部门通常会保留一部分机动资金，用于应对突发事件，实际上，这部分资金在用途方面并没有严格的限制，大多数情况下被用于弥补预算项目经费超标造成的经费损失中，这种行为虽然表面上保障了项目的执行，但对预算评价的考核造成了消极的影响，使执行预算的部门产生了项目失败仍有经费填充的错误认知，大大消减了预算执行完成效果好的部门及职工的积极性，如果这一过程中有完善的权力制衡机制，那么不仅能够保障所有项目都能够顺利有序地进行，预算资金灵活补充进真正需要的项目中，还能够以有效的奖惩措施避免资金浪费甚至贪污的行为，一方面提升资金的利用率，另一方面奖励工作出色的人员，对虚报经费预算、不遵守规章制度的部门及人员实施相应的惩罚，充分调动各级部门、全部职员执行预算的积极性，使高校更好地掌握资金的收支管理，完成教育事业发展计划。

5. 高等学校预算管理改革滞后于部门预算改革

目前，高校预算的审批不严格，预算的分配不合理，高校预算管理制度不完善，缺少各个环节的管控机制，缺少权威的管理手段，尤其在进行预算编制时，主观认定成为主要预算依据，造成预算计划与实际执行情况严重脱离，进而影响全体高校职工参与校园建设的积极性，严重阻碍了高校的发展。

目前看来，政府财政部门对比各大高校做出的预算改革十分超前，但二者的运营本质上有很大的区别，不能以前者为标准衡量高等院校的预算管理。高校性质的特殊性和业务的复杂性是其预算编制困难的最根本原因，尤其在国库集中支付这一政策实施后，高校想要调整大额资金就更加困难，突击使用经费更加频繁，资金利用率更低。对“零基预算”这一编制方法进行分析，虽然其在预算编制方面具有很多优势，但这一方法对预算管理业务水平有较高的要求，当高校的预算管理水平达不到零基预算的基本要求时，即使采用零基预算进行预算编制，那也只能是有其形而无其实质，过度追求预算编制的方法而不考虑学校的实际只会舍本逐末。而绩效评价这一方式更适合用于工厂或生产企业，高校教学研究、培养人才、社会服务等活动的性质均不同于工厂，因此无法以工厂及企业生产产品的形式量化高校的社会效益或经济效益。

6. 高校总体管理水平有待提高

在预算管理中，高校总体管理水平偏低是造成高校预算管理编制、预算控制、预算评价等环节运行效果不佳的原因之一，其具体表现在以下几方面。

（1）忽视了“全员管理”

管理不只是领导者的职责所在，更需要全体成员共同参与，通过自我约束和相互监督来实现。全员管理不仅是对全校成员实行的监督和管控活动，还需要建立一个包容的管理体制，让高校全体成员都能够参与进来，让每一位教职员工都能够参与管理，自主地为校园的建设作出贡献。高校的所有领域都应该实现全员管理，尤其是预算管理中。

如果高校没有做到全员管理，而是由财务部门全权负责预算管理工作，那么预算编制人员很难详细了解高校的发展情况和战略决策，难以根据实际各院系的具体情况、预算项目的性质等作出科学合理、切实可行的预算编制。同样在预算执行中，缺少全员管理环节会导致各部门执行预算的能动性不强，经费使用规划的编报不详尽，无法做到在执行过程中控制项目的每一笔支出。全员管理的作用在预算评价中最显著，目前许多高校在制订预算评价的考核标准时，预算管理人员调研不充分，所做的考核标准往往与实际情况不符，造成教职员工对高校的发展建设积极性低、能动性差，导致下一年度预算编制脱离实际，经费被浪费。

（2）高校管理过分追求高效率和高回报

高校采用任期制聘用中高层管理人员，这些管理人员都想在任职期间做出更多业绩证明自己，而大量组织发展项目，期待短期建设项目快速产生反馈和回报，很少能从长远发展的角度进行审视，导致在高校发展决策方面出现短视现象。

四、高校财务预算管理的改进与加强策略

（一）高校财务预算管理改进与加强的基础工作

1. 从认识层面重视财务预算管理工作

高校所有层面、领域的发展都离不开预算管理工作，由此可见预算管理对高校的重要性。高校应向下属单位部门全面普及预算管理对高校整体发展的重要意义，使高校管理层更深切、更全面地认识预算管理的作用，调动各个部门积极参与、主动配合预算管理工作，建立、完善预算管理工作流程。预算管理工作是一项系统工程，需要全校成员共同参与，财务人员无法独立完成。高校应发挥最高领导层的引领作用，各级部门职员，尤其是管理人员应明确自身职能和责任，充分发挥自身能动性，积极参与配合预算管理工作，不断完善和调整预算考评机制，严格按照预算方案落实到位。

2. 加强财务预算管理制度规范化建设

提高预算编制的精准度、建立健全的预算管理机制、限定收支范围、强化预算执行流程的监管力度、建立贴合实际的预算评价考核标准对高等院校来说十分重要，高校的预算管理工作越细致，获取的相关有效信息就越多，就越能够应对处理复杂的业务活动和管理活动。参考借鉴政府部门的预算管理措施，即定员定额管理支出预算，实行零基预算、按照顺序滚动管理延续性项目、推广实施预算绩效评价这三项管理手段。预算编制人员应与各部门保持沟通、反复确认支出预算的额度，按照项目的重要程度逐一评估审核每一项支出的明细和依据，对每一个项目的收支情况做出细致的分析和核算，监督预算执行过程，若发现异常情况，及时处理并找出原因，避免类似的问题再次发生，根据项目完成进度及时做好验收、评价工作。

3. 建立财务预算委员会

为了做好预算管理工作，高校应该建立预算管理组织。健全的预算管理组织或机构应包括预算委员会、常设预算管理工作组（直属于预算委员会，负责日常预算事务的处理，由学校总会计师或财务处长负责）及预算责任网络，建立财务预算委员会则是重中之重的任务。

预算委员会是高校预算管理的组织或机构，由校长直接领导，能对预算管理作出最高决策，主要负责审核校内各个下属单位和部门提出的预算申报。如今，预算委员会主要由校内各个院系、下属单位及部门的负责人组成，分管各级的领导即为主体。目前，很多高校在实际的预算管理中采用了分层次管理的办法，为了使预算的编制能够更加准确，满足高校整体教育事业发展的要求，高校可以通过建立预算委员会加强预算的管理工作，使资源配置更合理。预算委员会是以教授为主体的组织，在校内选出声望高的教授和教育管理、人力资源管理、财务管理、审计、资产管理等方面富有威望的专家、教授成为预算委员会的成员，保证组织的权威性和决策的科学性。

将主体是校内各级领导的预算委员会与主体是教授的预算委员会相对比，一方面，后者有充足的知识理论支持，更能做好收支平衡规范，能更好地掌握并灵活运用较先进的预算方法，如零基预算和绩效预算等，提升预算经费的利用率，推进预算管理科学化，另一方面，将管理与教学工作相结合，促使教授教学更加积极，为高校教育改革提出更好的建议，促进高校教育事业的发展。教授虽无法取代校领导在预算委员会中的决策地位，但可以为高校的预算管理提出科学、合理的改革意见，能有效提高预算决策的科学性，预算委员会向高校校长办公会提交议案，由校领导集体决策。

为了制衡预算管理中各级领导的决策权力，高校可以成立大学理事会，进而全面监督高校各级领导的预算决策科学性。大学理事会主要职能是监督高校的运行状态、规划高校的整体发展方向、审批各项经费预算及各个项目的投资，属于决策机构。校长可以担任大学理事会理事，但和理事会其他理事享有同等权利，这样，高校领导者的预算管理权力被分散，有利于高校更好地进行预算决策整体管控，有效监管理事会的各个管理成员的权力行使。

（二）高校财务预算编制的改进与加强

1. 树立财务预算编制的全局观念

高校在编制预算方案时应围绕高校整体事业计划进行，树立全局观念，根据高校各个阶段的战略决策，结合高校实际发展情况，细化预算编制方案，合理安排各项预算的分配，科学规划各项预算项目的实现路径和方式，科学估测预算编制方案对高校整体发展的影响。此外，预算编制人员在进行预算编制时应调动全体职员积极主动地参与配合预算编制工作、做出最全面、最贴合实际、最准确的预算编制。

2．做好财务预算编制的基础工作

在预算委员会的带领下，高校应快速组织成立专门的预算编制工作小组，专门负责预算编制工作，严格核查各部门预算上报情况，做好预算的定额、分配和调整调度工作。高校各个部门应安排专人负责预算编制的数据上报、反馈协调等工作。预算编制工作由财务部门统一扎口，负责统一预算口径，规划每个部门负责编制预算的专员的职责，由预算编制小组向各部门规划预算目标，基于高校的发展实情结合战略规划，审核、汇总各部门制定提交的预算方案，以综合平衡为原则，提出合理的修改建议，保障高校发展的总预算方案准确可靠。

在进行年度预算编制前，高校必须仔细学习和研究上级主管部门下发的相关文件，全面、细致地了解教育政策的变化和新一轮预算年度的收支标准；牢牢抓握高校新一预算年度中预算管理工作的要点，明确各个常规项目和重点项目，保证预算的编制贴合国家政策，具备较强的科学性；做好高校预算年度招生规模、数量、教职工数量和毕业生数量等的统计和核实工作，并将数据与上一年度的数据进行对比，合理安排工作量，以保证预算工作的准确性。

总结上一年度的预算管理工作经验和不足，认真分析预算指标数与实际发生数的差异，深层次分析原因并提出改进措施。广泛收集和汇总各单位及部门的建议，并采纳合理的意见和建议，为下一年度科学预算编制及高效率执行做好铺垫。

3．协调高校财务预算与财政部门预算

目前高校预算改革相对政府财政部门而言，财政部门应尽快出台相关预算调整办法和审批程序，尽可能满足高校预算管理的迫切需要。在相关政策出台前，高校预算与部门预算编报的时间应有效衔接。高校预算通常在上一个预算年度末着手编制，在预算年度初期将编制方案下发到各个单位和部门，而部门预算编制的时间往往早于高校，为了配合部门预算，高校预算编制时间也需要适当地提前，保证两项预算编制的时间能够有效衔接，确保预算编制顺利进行。

重新修订会计科目，目前高校预算与部门预算存在会计科目的内容、科目设置及核算口径不一致的问题，对预算执行造成不利的影响，预算管理人员难以控制预算的执行，只有进一步统一预算会计科目的设置、核算口径及支配范围，丰富科目的内涵，才能真正实现高校预算和部门预算的协调发展。

4. 多种财务预算编制方法结合使用

目前，高校预算编制的方法存在很多不合理之处，严重影响了预算管理的实施结果。预算编制方法的改革迫在眉睫，但这并不意味着舍弃已有的编制方法、采用全新的编制方法，而是在高校常用的预算编制方法中融入一些新的预算编制理念，如绩效预算、零基预算、滚动预算及复式预算等方法，结合高校实际情况，灵活运用，使编制方案更加科学合理。

零基预算即以零为起点设置支出预算的预算编制方法。这种编制方法不同于传统的编制方法，能判断每项支出预算的必要性，还能够重新分析和研究每一项支出预算的具体额度。高校可以使用零基预算核定各个部门和项目的支出预算数额，如按标准重新核定每一位教职员工的工资，较为准确地做出工资性支出预算；重新划分各项教育支出和其他各项科研经费的类别，根据具体的项目作出较为精准的预算编制。零基预算能够帮助高校优化支出结构，节约经常性的支出，优化资源配置，使高校最具发展前景的战略性项目获得充足的资金。零基预算明显优越于传统的增量法。

高校可以灵活运用复式预算法编制建设性的支出预算。高校应对总预算进行项目分类，分成经常性支出和建设性支出，创建建设性支出预算的项目库，并依据重要程度对项目进行排序，结合高校的资金资源现状作出最合理的分配方案，并根据各个项目的实际执行情况及时灵活地作出调整。在执行建设性的支出预算项目时，需综合考虑高校经常性预算的支出情况和收入预算，再对建设性支出预算项目的经费额度作出调整。使用滚动方法管理中长期的预算项目，依次递补资金供给，结合高校的实际情况不断调整或改进、完善这些延续性的项目，灵活协调，避免因项目执行时间过长导致项目在执行过程中脱离实际，盲目进行。做好预算项目的编制工作有利于预算顺利执行，达成预期目标，才能为下一年度的预算编制提供更好的参考和指导，提高预算编制的准确性和科学性。

绩效预测是一种针对校内部门的预算编制方法，指的是将各部门实际完成的工作任务、完成的业绩、产生的效益及对高校的贡献作为部门预算经费额度的评定标准，以浮动的激励措施促进教职人员完成更多的业绩，进一步加强高校管理、监督部门经费预算的力度，完善考评制度。

5．远近结合，编制中长期财务预算

对高校来说，中长期预算编制不仅能够辅以赤字预算，更准确地为高校的延续性项目做出方案，还对高校的可持续发展有重要意义。可持续发展是我国高等院校长久立足和运转的首要目标，编制中长期预算为高校实现目标提供了最基本的保障。因此，中长期的预算编制需要建立在高校长远发展计划上，为未来三到五年预期甚至未来十年预期的更高层次预算做准备。编制中长期的预算时，应结合高校的整体发展和运营，以可持续发展为原则，紧靠战略目标实行编制，另外，还需要注意各种预算因素在不同阶段的变化，根据变化突出相应的预算重点，兼顾当前阶段和未来的发展。

6．适度赤字预算

“量入为出，收支平衡”一直是高校预算管理工作遵循的基本原则。但高校应紧跟时代的进步和教育的改革，突破传统的预算编制理念的限制，在条件允许的情况下可以适当引入赤字预算。目前，各大高校为追求更好的发展和更大的教学规模，支出预算逐年增长，资金供求方面的矛盾愈加激烈，赤字预算的适度运用能够有效保障重点项目的执行，保障高校事业计划的实现。但要注意的是，这种赤字预算不可以是永久性的预算活动，只能在特定的条件下根据特殊情况短期存在，必须能够在一定时间内通过资金统筹安排实现总量平衡。

赤字预算是特定的时间内用于编制预算的一种方法，能够辅助高校临时调整预算项目的编制，将资金资源迅速集中，为高校完成中长期的发展规划提供有效支撑，保证重点项目顺利执行。赤字预算打破了编制预算的常规模式，能快速抓住发展机遇，通过快速提升高校的科研水平或者办学条件来提高高校综合竞争能力。编制赤字预算能够帮助高校权衡财务经费的分配，避免通货膨胀可能给教育资金带来的负面影响。由此看来，适度编制赤字预算对于高校的发展非常有利。高校中长期预算编制应紧密结合学校实际情况，在原有的常规年度预算编制方法外适度引入赤字预算，为高校更多稳定的长期发展项目提供资金支撑，帮助高校在未来的长期经济活动中实现动态平衡。中长期的预算编制能够与赤字预算编制方法相适应，在年度预算出现赤字或者产生结余时，高校可以在未来2～3年时间里，实现灵活的自我调节，在贴合高校实际的情况下作出更加准确的预算编制，进一步提升资金的利用效率和收益。

7. 下属部编制责任预算

高校的下属单位及部门在行使支配预算经费的权力的同时，也要承担起预算编制的责任。编制责任预算，首先应该为预算的编制制定责任标准。各级部门应在申报支出预算的草案时，同时提交支出预算经费的申报报告，并在报告中将各项预算经费的金额标准、规划原因、责任目标、预期使用时间及相关证明、责任书、承诺书等予以明确。财务部门将收到的报告资料归纳整合，编制资金流量计划表和预算收支报表，提交到预算委员会，由预算委员会进一步讨论。

高校的各个部门作为责任中心，如果将设定预算期内责任目标的工作全部交给各个部门完成，将得不到有力的管控，导致预算管理松散，而由预算委员会单方面设定，则很容易导致目标脱离实际，因此，只有将二者结合，才能够设定出最理想的责任目标，作出最佳的责任预算编制，其流程是制定方针—责任中心编制—责任中心上报—学校汇总—委员会讨论决定。

8. 合理确定预算收入

预算编制包括支出预算编制和收入预算编制。各项收入预算必须根据稳定性原则进行，将高校合法、合规且在常规条件下可实现收入的项目，全部纳入收入预算编制中，纳入预算的项目必须有可靠的经济依据，既不可以高估、虚报收入，也不可以隐藏、少报收入，避免使用不可靠的收入信息混淆收入预算的编制，对支出预算的编制产生影响。此外，高校还应向下属部门落实收入预算的编制工作，追溯收入的来源并预测收入数目，按部门逐一汇总收入预算编制中，保障预算编制的准确性。高校的商业性质贷款也可以看作是一项收入预算，必须有基本建设支出预算项目与之对应，但从原则上来讲，商业银行贷款在预算的编制中一般不得用于高校基本建设性支出之外的项目支出。

高校的支出预算编制工作讲求实事求是，要求有一定的科学依据，追求客观事实。高校在编制支出预算时应结合实际，一方面，所编制的支出预算必须金额明确，并且能够将执行单位或部门的工作成果真实地呈现出来。另一方面，高校应重视支出预算的编制结构，按照项目的重要性和轻重缓急程度合理安排支出预算，提倡勤俭节约。根据不同的院系和部门中经费的用途和性质差异，根据不同分类、分档编制公用经费的支出预算，院系可以按照教职工人数、学生人数，根据日常维持费用等采用专项定额与综合定额相结合的方式编制公用经费的支出预算；行政部门依据不同的职责采用分类分项定额的方式编制支出预算，其中包括教改项目和学科建设等特殊的专项补助支出项目；后勤依据经费的用途、成本消耗、工作量等，分别采取相应的标准编制支出预算。

（三）高校财务预算执行的改进与加强

即使预算编制得再全面、科学，若没有按计划有序地执行，只能是纸上谈兵，毫无作用。因此，严格按预算执行能够保证预算管理落到实处。

1. 强化内部控制

为了保证预算能够顺利执行，高校应建立完善的内部控制机制，强化内部控制。高校的资金资源是有限的，因此要想保证预算项目按计划完成，就必须加强对财务活动的监管力度，全程监督控制资金的收支情况，避免资金使用出现异常和贪污的现象，使各项经费产生更大的使用效益，达到预期执行效果。高校应从各个方面完善支出的内部控制体系，例如，按照标准限定招待费、差旅费等公用经费的支出；资产采购实行归口管理，统一采购办公设施、各种耗材规范其领用制度，做好收支明细和仓库存取记录；各部门的水电费实行包干；教学科研仪器设备采购与使用实行全校统筹，建立全校统一的实验中心，实验中心运行要制定详细的管理办法，明确实验中心按照企业成本核算方法实行内部核算、实验室设备使用收费标准和收费用途，以及资金管理。

2. 强化校内采购管理

高校规模不断扩大，而内部管理权却逐渐分散，同时，采购商品的多样化等原因也加大了高校物资采购工作的难度。而且，政府采购审批严格、流程复杂，采购所用的时间一般较长。因此，高校应强化校内的采购管理工作，尽量按照年度使用计划统筹采购，在目标达成的前提下缩短政府审批时间，提高采购效率保障预算项目的执行。

3. 细化财务预算

详细、明晰的预算方案是预算项目得以高效执行的前提。从内容、目的、责任、经费等全方面细化预算项目，并细化到个人，不仅能保证各个部门及个人严格按照相关规章制度执行预算项目，在预算执行的各个环节中找出节约成本最有效的办法，还能明确每个人的责任，谁的问题谁负责，有利于对最终的预算执行结果作出最科学、准确的考核和评价。

4. 人本管理

人本主义现已融入高校的方方面面，包括预算执行。高校利用各种内在的激励手段刺激教职工积极主动地执行预算项目，使预算执行成效显著。从根本上来看，预算执行以财务指标为中心，但其本质上是对人的管理，因此，想要预算执行达到预期效果，就必须摒弃“以物为本”的旧思想，充分调动教职工的能动性，摒弃“绝对服从”，坚持以人为本进行预算管理。以人为本的管理理念的核心就是要将财权、事权适当下放，监督权和处置权由高校集中管理。人本管理能够使高校形成互帮互助、互相尊重的良好工作、学习氛围，有利于培养教职工的主人翁意识，增强其责任感，进而达到事半功倍的预算执行效果。

5. 严格执行财务预算

高校经费有限，预算一经审批原则上不再变更，高校采用的静态预算导致资金在实际分配时，供求矛盾非常突出，因此，预算管理部门应严格监管预算执行期间的资金使用情况，严格管控预算经费调整，各级单位和部门应按照预算口径，在经费预算的额度内完成预算项目的执行。如有项目确需预算调整，必须依据规定按照流程提出调整预算的申请，申请通过后，按新预算方案执行。高校应明确各部门领导及员工的各项权利和责任，设定审批权限，保证已批准的预算不被随意更改，确保预算严格执行。另外，高校应加强对支出预算的管理，各项支出必须有原始凭证，能够证明其合法性，杜绝无预算、超预算、无原始凭证的预算支出，各级部门应对每一项支出负责，将责任细化到个人，做到按规定执行预算，不超预算。严格预算执行，在执行过程中监督控制资金流向，保证预算管理的权威性和严肃性，当出现特殊情况，必须调整预算时，应按规定程序报批后方可调整。

（四）高校财务预算控制的改进与加强

1．加强事中控制

加强事中控制主要表现在两个方面：加强对预算的约束，以预算为核心控制各个预算项目；加强对执行过程的管控，实时掌控预算的执行情况，避免实际支出超预算。预算编制未获得批准前，各部门只能将上一年度同一时期的支出作为安排这一时期支出预算依据。预算通过审批下达到各个部门后，除国家政策变化或者高校的招生规模发生变化等不可控因素外，预算不能擅自更改，因此，就需要做好预算的事中控制，高校可以采取按月度、季度或者年度拨付预算款项，有效掌控预算执行进度，平衡收支预算。此外，高校应提升预算编制人员的专业程度，在尽量贴近高校的实际发展情况下进行预算编制，提高预算编制的严谨性。

2．改进财务预算控制方式

高校通常从横向和纵向两个方面实现对预算的控制，因此，可以从这两个方面改进高校控制预算的方式。首先，高校应完善预算控制机制，全面控制各项资金的收支情况，明确各级管理部门的职能和责任，使各个部门相互配合，协调工作，共享信息资源，实现预算控制的横向改进。其次，应组织财务、审计等部门集思广益建立健全预算控制体系，实行预算管理全覆盖，实现预算控制的纵向改革，高校需从资金的审批起严格监督、控制资金的流向和使用情况，掌握预算项目的执行情况，辅以预算绩效评价强化对预算的控制。最后，高校应保持预算公开、透明，定期向高校所有部门及师生公布资金的分配情况，分享校园的建设情况，接受全体教职员工和学生的建议，建立有效监督反馈机制，全方位改进预算控制的方式方法。

3．改进财务预算控制手段

（1）设置多段监控点

财务部门应采用分期分额拨付资金的方式控制预算执行各个阶段的预算额度。有些高校利用计算机报账系统辅助管理高校日常经济活动，通过设置多段报账系统监控点监督经费收支情况，控制预算的支出速度和流量，保证收支平衡，避免经费的浪费和突击使用，提高资金的使用效率，此外，使用计算机报账系统有利于评估预算评价的真实性，帮助高校筛选真正有意义的评价结果。目前，大多数高校仍采用半年制实施监控，通常设置上半年可用支出预算额度为总预算的45%，其余部分用于下半年，这样的分配比例能够有效避免上半年资金浪费下半年资金不足的现象，基本可以保证收支平衡，有利于高校宏观监控。另外，也有高校按月度、季度对预算实施多点监控，随时了解预算的执行情况，及时调整执行进度。

（2）建立有效的分析机制

为了对支出预算做出科学合理的分析，财务部门将各部门支出情况绘制成两种不同统计口径的预算统计表，其中一个统计表根据支出的功能分类绘制，另外一个统计表根据支出经济分类绘制，两种表格所呈现的总量应保持平衡。预算统计表能够帮助高校财务部门科学分析事中控制情况，能够帮助财务部门找出统计月份中实际支出与预算支出之间的差异，并联系相关预算负责人及时采取措施，作出分析和调控，减少或消除对当月及以后月份预算执行的影响。主要可以从以下几方面分析导致预算差异的原因。

①账务处理是否正确

高等院校在进行会计核算时，需要对收支情况的金额、科目，以及出入账时间进行判断，寻找获得批准的预算方案与该记录的明细是否一致。

②外部条件改变

有时，外部因素也会导致其预算定额的标准发生改变，例如，年度预算编制时，博士生生活费标准为200元／月，而在预算执行期间，国家政策调整提高博士生生活费标准至1 000元／月，导致预算的执行与编制方案不符，另外，预算方案中部分拟入名单中的产品或者服务的价格，也可能会出现在实际购买时与编制的预算中相比有浮动，造成预算有结余或者超支，对于此现象，预算管理部门应基于实际情况作出细致的分析和正确的判断。

③内部环境变化

高校内部环境改变，也可能影响预算方案的执行效果。例如，某部门突然被要求执行不在原预算编制中的项目或活动，或原计划中的某项目实际执行时难度、时间长短、经费使用总额、重要性等都与预算水平有很大偏离，高校应持续监督预算项目执行进度，及时发现问题，并就预算差异的成因进行合理分析并提出解决措施。

4．借助网络手段实时控制

当今社会信息技术的发展水平不断提升，各种财务软件、管理软件不断产生，高校也可以自行研发应用校内财务管理的网络平台，通过网络快速获取各部门预算支出的使用情况，各部门项目的执行情况透明化，有利于高校详细了解预算的执行情况，并对比预算方案和实际执行进程，及时干预调控。此外，高校还可以通过财务管理系统或平台进行横向、纵向指标对比，全面了解每一项预算的支出额度和每一个项目的进展情况，进而加强对预算的控制。

（五）高校财务预算考核的改进与加强

高校进行预算评价有利于全面地了解和考核预算目标的具体执行效果，以便准确、客观地评价预算的编制、控制及上报等情况。预算评价关注的不仅是高校资源的使用情况，对资源的利用率和产生的效益问题同样关注。做好预算评价工作、完善预算考核机制，是高校优化资源配置，进而更好地发展教育事业的重要要求。

1．建立健全财务预算评价体系

做好预算评价，强化预算考核，建立科学、完善、行之有效的预算评价体系，一方面，有利于高校更好地监督和控制资金的使用情况，从各个阶段全方位地了解预算执行情况，对于预算项目执行过程中产生的问题能够及时作出分析和调控，有利于高校强化预算控制，保证预算的执行效果，进而了解预算编制的科学程度，以便为下一个预算年度编制更加科学准确的预算奠定基础，更好地掌控未来一段时间内高校的总体运行状况；另一方面，完善的预算评价体系有助于预算管理贯彻到全校每个成员的工作、学习中，有利于各个部门及职员明确自身的责任，有助于实现预算管理对全校各部门和所有成员的全面约束，激励所有教职员工努力实现自我价值，为高校教育事业的发展作出贡献。

高校应先成立预算评价的组织或机构，再制定规范评价工作的机制，以获得真实的评价结果，进而构建出可靠、健全的预算评价体系。预算评价应涉及高效发展的方方面面，如社会效益、办学成果、项目投资、经济效益等方面。在制订预算评价指标时应兼顾长、短期效益，充分考虑定量、定性的原则综合评定。由于各个高校规模、类型等都不尽相同，因此，不能使用一套预算评价体系服务所有高校，各个高校可以结合采纳平衡计分卡和关键指标评价这两种形式，以绩效目标入手实行量化考核标准，制定符合自身发展情况的预算评价指标体系。其中关键评价指标通常包括：财务综合实力评价指标，常用于评价高校的教学规模、经费来源及办学条件；发展潜力方面的指标，如自有资金的使用程度、现金净额增长率等；运行绩效方面的评价指标，包括年度收支比、经费自筹率及产业资本增值率等，还包括人才培养专项指标和学科建设专项指标等；偿还能力方面的指标，如资产负债率、速动比率等。此外，还需要制订可靠、科学的考核指标、考评程序及奖惩制度，才能够构建出完整的预算评价体系。

2. 强化预算执行结果的分析

高等院校预算评价工作中最重要的一项就是全面分析预算执行结果，包括分析预算项目的执行效果和导致预算方案与实际执行情况存在差异的原因，还包括对执行差异的调整措施，以及对于预算结果进行分析总结编制报告这几部分内容。高校可以从以下几点加强预算的执行效果分析。

①高校必须对预算分析的内容作出科学、合理的界定，科学分析收入预算和支出预算两部分项目的执行效果。根据高校收入预算的来源来看，其包括高校的自创收入和外部收入，自创收入即科研产业合作收入、学费收入等事业性收入和高校的其他经营项目收入；外部收入包括社会组织捐赠、财政拨款等。高校的支出预算包括教学管理费用和教学业务费，教学管理费指间接与教学科研相关的支出，例如管理部门支出的办公费用、接待费用等，教学业务费即教学设备费、教师课酬、资料费等直接与教学科研相关的支出项目。

②高校应根据需要分析的预算项目内容找出最科学可靠的分析方法，站在客观的角度完成分析。高校在分析预算执行的结果时，有很多种方法可以选择运用，如差额分析、比较分析等。随着高校预算管理的发展，分析理论不断丰富，将会

出现更多的分析方法得出更科学、准确的分析结果。

③高校应坚持两项分析原则分析预算执行的结果，即“重点分析”原则和“全面分析”原则，在整体把控高校所有经济活动的基础上完成分析。只有贴近高校发展实际，才能够得出准确的分析结果，对比收支预算与实际情况的差异并找出原因，归纳总结执行过程中存在和可能出现的各种问题，提出改进措施和有效意见，总结预算执行经验为下一年度编制更科学可靠的预算提供参考。此外，高校一定要注意重点项目重点分析，结合实际发展情况，在重要的经济活动中吸取经验，总结教训，为当前年度接下来的预算工作或者下一年度预算编制提供有力的保障。

3. 重点对预算结果的差异进行分析

无论是支出预算还是收入预算，高校都应该从多个层次分析预算差异产生的原因。重点核实各个支出预算项目中经费的使用明细，对产生结余的项目做好统计工作，加以各项任务的完成效果和进度等情况，以报表和书面报告的形式分类分项地做好详细的说明；找出造成收入项目中资金较预算有增减差异的原因，通过系统的书面报告和详细的报表呈现出来。高校可以对预算的差异做定量、定性的分析。定量分析即深入分析实际执行进度、收支结构及偏离预算额等；定性分析即分析出实际收支偏离预算额度的主客观因素。客观、准确的分析结论一方面可以作为预算评价，有利于预算编制工作有条不紊地进行，另一方面可以为预算管理工作的改进提供重要支撑、使其更加完善。高校也可以对差异进行横向分析和纵向分析，前者指的是高校可以选取合适指标与规模、类型相同或相似高校进行比较，或者在校内各个院系之间进行对比；后者指的是高校从以往各预算年度中选择相近或相同的指标进行对比；无论采用哪一种方式，都要求比较对象之间具有可比性，科学分析其差异。

4. 根据评价结果实施激励

高校的预算评价只有辅以有效的激励机制，才能产生真实有意义的评价，而激励制度的作用在预算评价中能够突出体现出来。高校通过完善的激励机制能够促使员工积极参与预算评价，获得预算执行的真实情况，根据评价结果给予部门及职员一定的奖励或惩处。在预算评价机制和激励机制构成的体系中，如果任一机制不健全都会影响评价结果的真实性、公正性，导致预算评价失去存在的意义，使评价指标不再对部门及职员产生约束作用，预算管理全面失效，还会导致全体教职员工消极怠工，各部门的职能、责任的边界模糊，严重影响高校的发展。高校应贯彻权责一致的管理原则，实行完善的预算管理制度，辅以合理有效的奖惩机制，按照规定落实分档奖惩制度，对于项目完成效果显著的部门或个人给予充分的奖励，对于未达成预期目标的部门及员工做出相应的惩处措施，激发业绩垫底单位或部门的积极性，分析未完成任务的原因并提出改进意见，帮助其进步，在保证高校管理制度的严肃性的同时促进全校共同发展，共同进步。

第二节 高校财务绩效管理

高校财务绩效主要指高校经费投入的产出和结果，用来对高校财务行为过程及结果进行科学、客观、公正的衡量比较和综合评价，反映高校教育资金投入产生的效果、效率和效益，监测高校教育资源利用情况及其目标完成情况，用以评价高校的资金、资产等使用状况和经济效益情况。

一、高校财务绩效管理的概念

（一）绩效

绩效是组织中个人特定时间内的可描述的工作行为和可衡量的工作结果，以及组织结合个人在过去工作中的素质和能力，指导其改进完善，从而预计该人在未来特定时间内所能取得的工作成效的总和。

从经济学的角度来看，绩效和薪酬体现了等价交换的原则。当个人完成了工作任务，产生了可衡量的工作结果，那么组织就要针对个人的工作结果给予相应的报酬。从社会学的角度来看，每个社会成员根据社会分工承担相应的职责。个人的生存权利是由其他人的绩效保证的，而个人的绩效又保证着其他人的生存权利。个人完成他的绩效是其作为社会一员的义务，受惠于社会就需要回馈于社会。故绩效的定义是人们在特定场所完成任务的成就或成果。

（二）绩效管理

绩效管理是指各级管理者和员工为了达到组织目标，共同参与的绩效计划制定、绩效辅导沟通、绩效考核评价、绩效结果反馈的持续循环过程，绩效管理的目的是持续提升个人、部门和组织的绩效。绩效管理的核心是绩效评价和激励管理。

二、高校财务绩效管理的特征

（一）多因性

高校财务绩效的多因性是指各部门或个体的绩效高低不是一个因素影响的，而在主客观角度上受多个因素制约。影响员工工作绩效的因素主要有能力、激励、机会和环境四个因素。能力指员工工作技巧与能力水平，激励是指员工的工作积极性，机会具有不可控的偶然性，环境包括企业内部的客观条件和企业之外的客观因素。

（二）多维性

高校财务绩效的多维性指的是需要从多个维度或方面去分析与评价绩效。比如考察一个院系的绩效时，不仅要看其学生培养情况，还要综合考虑其他的指标，如科学研究情况、社会服务情况等，通过综合评价各种硬软指标得出最终的评价结论。

（三）模糊性

高校财务绩效并不像企业那样可以明确地得到测量。高等教育具有政治功能、经济功能、文化功能、社会功能。由于教育结果的长期性，高校财务绩效往往难以体现为具体的指标，因而具有一定的模糊性。

（四）动态性

高校财务绩效具有动态性。由于部门或个体绩效会随着时间的推移而发生变化，原来较差的绩效有可能好转，而原来较好的绩效也可能变差。这个性质就要求在评价一个人的绩效表现时要充分注意绩效的动态性，而不能用一成不变的思维来看待有关绩效的问题。

三、高校财务绩效评价体系的构建

随着高校的快速发展，特别是国家提出“大力发展职业教育”后，我国的高等职业教育进入了新的阶段，高校的资源投入也随着规模的扩大而逐年递增，特别是在绩效工资改革的背景下，经费需求和资源供给相互间的矛盾越来越突出。因此，在高校建立科学合理的财务绩效评价体系，既符合财务管理工作的新要求，也是实现高校可持续性发展的必要手段。

（一）以投入产出为核心，实现一个转变

在高校管理制度改革后，高校的财务管理工作要体现出优化后的结果，要求提高学习资金的使用效率。高校的投资主体已经从过去单一的财政拨款变成以国家投资为主的多元化投资主体，高校财务管理机制已由单纯的财政拨款收支会计转向了财政拨款与自收自支的高校财务相结合的复合型财务管理机制。在这种新的形势下，高校管理者需要摆脱陈化的观念，不要在进行投资决策时总是想着从建立政绩出发，而忽视了投资产出效益、资金回报的收益、是否存在低水平重复建设，以及向银行举债扩大学校规模后能否承担起还债的义务。高校管理者必须要建立好科学合理的高校绩效评价体系，放弃片面的投资观念，使高校的经营活动重视投入产出效率。这有利于高校的投入产出实现正反馈调节，也有利于国有资产的保值增值。投入产出观念规范高校经营与发展战略也有助于高校在未来激烈的市场竞争中更有底气。

（二）正确引导高校的经营行为，立足两个服务

由于高校的固有特点和在考核方法上的缺陷遗留下来的管理方面的沉疴积弊，使管理者更致力于发展高校的某些单项指标，这种理念就间接引导管理者忽视高校的长远发展，只重视眼前利益。追本穷源，这种现象还是管理机制的问题。建立高校绩效评价制度有助于国家有效地约束高校管理者，正确引导和规范高校

经营行为，促使高校改善经营管理现状，将高校现实利益与长远利益相结合，为国有资产监管服务，为促进高校发展服务。

（三）突出高校绩效评价的真实性，促进三大功能

高校建立综合绩效评价体系，就必须认真考虑会计信息质量的现实特点，深入分析影响高校绩效的有关会计信息可能产生的问题及其原因，在科学设计评价指标体系下，利用财务指标间的相互关联互为校正关系，对影响会计信息质量的主要因素予以递进修正，使之可以有效反映出高校真实绩效。通过对评价结果的综合，可以考核一定期限内高校各级管理层及教职工的业绩。通过横向、纵向对比分析，可以对评价客体有较为全面、客观的认识。通过从各个不同侧面对高校绩效开展评价，可以将高校各个方面和各个环节的行为取向引导到绩效上来，充分调动高校管理者和职工创造良好绩效的积极性，促进高校的可持续发展。

（四）坚持四条原则，全面反映高校的财务、经营状况

系统论分析思想是高校绩效评价体系的根基。在制定高校绩效评价体系时要遵循“短期目标与长远利益相协调、结果评价与过程评价相统一、定量分析与定性分析相结合、目标考核与综合评价相补充”的原则。无论是财务指标的定量分析，还是非财务指标的定性分析，都有其固有的优势和缺陷。只注重财务指标状况，使高校重视眼前决策，影响高校的长远发展；过度关注非财务指标状况，则不好描述和操作，不能把握经营的尺度。依据我国的基本国情和考虑高校现状，要使高校绩效评价结果更真实准确，可以采用以定量分析和定性分析相结合的方法，以财务指标的定量分析为主体，通过定量指标的计算得出基本评价结果，再利用非财务指标的定性分析对基本评价结果进一步校正，以弥补定量分析的不足和缺陷。

第三节　高校会计人员管理

一、高校会计人员的专业素质与职业道德素质

加强对会计人员的职业素质管理特别重要，其将影响整个财务管理的效果。制度设计和管理得当可以增加经济效益，否则，会造成经济浪费和损失，其中财务管理的水平取决于会计人员职业素质的高低。

（一）高校会计人员的准入条件与知识结构要求

会计人员的专业素质将影响高校财务管理的整体水平，为保证财务管理的质量，必须对会计人员提出更高的要求。专业素质管理主要是通过明确会计人员准入条件、在岗会计人员的素质培养等方法来进行。

1. 高校会计人员的准入条件

现代高校财务管理需要高素质的管理人才，在录用会计人员时，应该设置一定的准入条件，但由于道德素质是通过日常行为表现出来的，面试时很难以考试的方式考核，因此，准入条件一般针对专业素质，虽然有职业道德条件的内容，但也是形式上的要求。高校会计人员的录用，一般应具有学历、专业、工作经验方面的准入条件。

（1）学历条件

本科高校培养的是本科以上的人才，一般情况下高校管理人员应该具备本科以上的学历，否则管理人员的层次与高校培养的人才层次不相适应。高校会计人员是管理岗位的专业技术人员，因此必须具备本科以上的学历。

（2）专业条件

高校财务部门的主要功能为会计核算和财务管理，两者互相联系、互相渗透，核算过程包含管理内容、管理过程需要核算的数据。高校会计人员既要会核算也要懂管理。会计人员的专业要求一般为会计专业或经济类的其他专业，但必须具备计算机应用的基本知识；系统软件管理和维护人员可以是计算机专业的，但必须具有一定的会计专业基础知识。

（3）工作经验

高校的一般会计人员除需要符合学历条件和专业条件外，还需要有一定的工作经验。

2. 高校会计人员的知识结构要求

对于从事高校财务管理的会计人员来说，具备会计专业知识只是一个基础。一个合格的高校会计人员，其知识结构应该是全面的，除了会计专业知识外，必须具备计算机、法律、管理学、经济学、统计学等其他相关学科的基本知识。

（二）高校会计人员的职业道德素质

职业道德素质是会计人员素质的重要组成部分，出色的专业素质和良好的道德素养构成了高素质的会计人才。会计人员在会计工作中应当遵守职业道德，树立良好的职业品质、严谨的工作作风，严守工作纪律，努力提高工作效率和工作质量。

根据院校的财会人员职业操守准则，结合财会人员绩效考评办法，做好财会职业道德考核评价工作，完善财会人员本身的自律机制，并在日常工作中不断强调职业道德的重要性，使得每一个财会人员都具有强烈的职业道德意识。会计人员职业道德评价体系是一项复杂的系统工程，具有整体性和层次性。

1. 高校会计人员职业道德评价指标权重的设置

（1）构建判断矩阵

会计人员的职业道德评价指标确定以后，采用专家打分法，按照1—9标度对相同层次各元素重要性程度赋值，现以分类指标层为例，构建出两两比较的权重判断矩阵 F_{B1} 和 F_{B2}。（如图 2-1 所示）

$$F_{B1}=\begin{pmatrix}1 & 2 & 3 & 4\\ 1/2 & 1 & 2 & 3\\ 1/3 & 1/2 & 1 & 2\\ 1/4 & 1/3 & 1/2 & 1\end{pmatrix}\qquad F_{B2}=\begin{pmatrix}1 & 2 & 3\\ 1/2 & 1 & 2\\ 1/3 & 1/2 & 1\end{pmatrix}$$

图 2-1　矩阵 F_{B1} 和 F_{B2}

（2）重要性排序及一致性检验

对上述构建的判断矩阵 F_{B1} 和 F_{B2}，计算出一个评价指标间相对重要性的排序。通过判断矩阵求解出特征向量，同时对特征向量进行一致性检验，若通过检验，可确定为指标权重（W）。其具体步骤如下。

第一，对判断矩阵每列做归一化处理。

第二，将归一化处理后的每行相加求和。

第三，对向量进行归一化处理，计算出判断矩阵的特征向量（W）。

第四，计算判断矩阵的最大特征值 λmax。

第五，对判断矩阵进行一致性检验。首先，计算一致性指标 CI。其次，将 CI 与平均随机一致性指标 RI 进行比较，计算出随机一致性比率 CR。当 $CR<0.1$，认为构建的判断矩阵具有良好的一致性，否则，需要对判断矩阵进行调整。

按照以上步骤，求解出判断矩阵 F_{B1} 和 F_{B2} 的特征向量，即 W_{B1}=（0.4658，0.2771，0.1611，0.0960），W_{B2}=（0.5390，0.2972，0.1638）。

对判断矩阵 F_{B1} 和 F_{B2} 能进行一致性检验，$CR_{B1}=0.0116<0.1$，$CR_{B2}=0.0089<0.1$，即一致性检验通过。

同理，可计算出各指标相对应的指标权重与相对总目标权重，最后汇总如表 2-1 所示。

表 2-1　会计人员职业道德评价各指标权重

综合评价指标	单层权重	分类评价指标	单层权重	单项评价指标	单层权重	总层权重
A1	0.60	B11	0.4685	C111	0.5390	0.1506
				C112	0.2972	0.0831
				C113	0.1638	0.0458
		B12	0.2771	C121	0.4000	0.0665
				C122	0.4000	0.0665
				C123	0.2000	0.0333
		B13	0.1611	C131	0.5247	0.0507
				C132	0.3338	0.0323
				C133	0.1415	0.0137
		B14	0.0960	C141	0.4905	0.0282
				C142	0.3119	0.0180
				C143	0.1976	0.0114

续表

综合评价指标	单层权重	分类评价指标	单层权重	单项评价指标	单层权重	总层权重
A2	0.40	B21	0.5390	C211	0.4000	0.0862
				C212	0.4000	0.0862
				C213	0.2000	0.0431
		B22	0.2972	C221	0.6667	0.0793
				C222	0.333	0.0396
		B23	0.1638	C231	0.5000	0.0328
				C232	0.5000	0.0328

2. 高校会计人员职业道德评价指标量化分级

参考相关研究成果及文献，可以将会计人员职业道德评价指标按“优”“良”“中”“差”四个级别进行量化分级，量化总分采用百分制，分值分配表如表 2-2 所示。

表 2-2　评价指标体系量化分级

评价指标级别	优（A）	良（B）	中（C）	差（D）
百分制	100—90	90—80	80—60	60—0

二、高校会计人员的行为规范控制与培养目标

（一）高校会计人员的行为规范控制

高校会计人员行为规范是指通过对会计人员行为的约束和限制，抑制其不良动机，从而控制可能出现的操纵行为。高校会计人员行为规范表现在“该为”和“不得为”两方面，以及对“该为不为、不得为而为之”应追究的责任。

1.“该为”的事项

（1）会计核算。包括款项和有价证券的收付；财物的收发、增减和使用；债权债务的发生和结算；资本、基金的增减；收入、支出、费用、成本的计算；财务成果的计算和处理等经济业务事项。

（2）会计凭证、会计账簿、财务会计报告等会计资料必须符合国家统一的会计制度的规定。

（3）高校发生的各项经济业务事项，应当在依法设置的会计账簿上进行统一登记、核算。

（4）定期核对账款。

（5）特殊情况说明。高校采用的会计处理方法，前后各期应当一致，不得随意变更。确有必要变更的，应当按照国家统一的会计制度的规定变更，并将变更的原因、情况及影响在财务会计报告中加以说明。

（6）建立会计档案。

（7）依法管理。

2.“不得为”的事项

（1）不得弄虚作假。

（2）不得伪造变造。

（3）不得私设账簿。

（4）不得授意指使。

（5）不得泄露检举人信息。

（6）不得非法要求。

（7）不得拒绝、隐匿、谎报。

（二）高校会计人员的培养目标

针对大数据时代下会计人才培养中存在的问题，我国高校及专业培养机构应探索全新会计人才培养模式，培养符合新时代需求的会计人才。

近年来，随着国家对高校“三全育人”战略目标的提出、“课程思政”新型教育模式的出现、大数据时代对会计人才新的能力和素质需求，使得会计心商、会计财商和会计德商显得尤为重要，传统的实现会计智商、情商、逆商的终极目标已经不能满足社会需求。若要培养出适应大数据时代的会计人才，需要首先将大数据融入知识、素质、能力、三观，四位一体地创新性培养目标，最终实现培养会计智商、会计情商、会计逆商、会计心商、会计财商、会计德商的“六商”终极目标。

围绕“知识、素质、能力、三观”制定具体培养目标，通过对培养目标进行内外部的合理性评价，确定最终的会计人才培养目标，进而根据培养目标确定毕业要求，根据毕业要求再确定课程体系，进行环环相扣的具体设置与操作。只有保证最初的会计人才培养目标的科学合理性，才能保证满足毕业的要求、课程设置的科学性。

（三）高校会计人员行为管理案例

1. 不相容岗位未分离

（1）案例描述

2019 年 6 月，上级主管部门组织开展省属高校财务检查。检查组在对某高校 2018 年学生收费相关凭证进行检查时发现，存在多笔记账凭证金额与原始票据金额不一致的情况，且都是记账凭证金额小于原始票据金额。检查组成员向该校财务负责人与收费科科长张某询问相关情况，张某对检查组人员的询问一直含糊其辞，对记账凭证金额为什么会小于原始票据金额始终无法给出正面回答，这让检查组人员产生了怀疑，于是对张某进行了重点询问，张某见事情已经无法再隐瞒下去，只好道出实情。

该校由于财务人员较少，没有严格按照不相容岗位相分离的要求安排收费管理工作人员，本应由多人负责的工作均由张某一人完成，不仅负责收费系统的初始化工作，日常的零星收费、开票也由张某一人全程办理，每日收费完成后，汇总当日收款情况交审核人员审核。张某在接手收费工作的第一年比较认真负责地完成了该项工作，但他后来发现，审核人员基本不核对汇总表上的金额与票据金额是否一致，特别在收费票据很多的情况下，只是根据收款汇总表和银行进账单编制凭证，张某便将学生以现金方式缴纳的部分款项据为己有。从刚开始的心惊胆战到后来觉得没人会发现时的变本加厉，张某合计贪污 45.6 万元。事发后，该校要求张某退赔了贪污款项，并遵照相关规定对有关人员进行处理。

（2）案例剖析

本案例中，张某的行为暴露了该校在会计基础工作中存在的问题，违反了《中华人民共和国会计法》第十四条、《会计基础工作规范》（财会字〔1996〕19 号）第十二条、《行政事业单位内部控制规范（试行）》（财会〔2012〕21 号）第二十七条等相关法规规定。本案例中，该校在会计基础工作规范和内部控制方面存在以下诸多问题。

①会计基础工作不规范

该校安排张某负责学生收费的全部工作，不仅负责收费系统的初始化，收款和开票也全部由张某一人办理，违反了不相容岗位相分离的原则，违反了行政事业性收费实行票款分离的管理制度的相关规定，也不符合内部控制规范的相关规定。该问题的发生暴露了一些高校对会计基础工作规范化建设重视不够，特别是在财务业务工作大量增加的情况下，未能配备足够的财务人员，也未按照不相容岗位的要求配置财务人员。

②个别财会人员职业道德缺失

财务人员张某缺乏应有的职业道德，放松了对自己的职业要求，利用财务管理的漏洞为自己谋取私利。审核、制单人员责任心不强，贪图方便简单，对待工作敷衍了事，未仔细核对张某提供的收款汇总表金额与原始票据金额是否一致，仅根据收款汇总表制单入账，只是完成了简单的制单工作，并没有履行审核人员应有的“审核”职责。未发挥财会人员对原始凭证应有的审核和监督作用，未能及时发现和制止张某的贪污行为，使张某能够屡屡得逞。票据管理人员在张某缴销收费票据时也未将开具票据的金额与财务入账金额进行认真核对。审核人员和票据管理人员的“不作为”让该校的财务内部控制形同虚设，也给张某的违法行为提供了可乘之机，给学校造成了一定的经济损失。

③财务内部监管不力

在本案例中，如果该校财务审核制单人员能够认真审核原始凭证，票据管理人员在缴销票据时能认真核对开具票据金额与财务入账金额，或者是学校内部审计部门能发挥其应有的监督作用，使内部控制制度真正落到实处，那么张某的不法行为也就无法得逞。

（3）改进建议

为规避上述违规行为的发生，进一步规范会计基础工作，高校应按照不相容职务相分离的原则，科学设置会计岗位，建立健全财务制度并严格执行，做好以下几方面工作。

①全面提高会计基础工作规范化水平

会计基础工作是否规范有序，直接影响会计工作水平及会计信息质量，最终影响领导决策及学校事业发展。高校领导要充分认识到会计基础工作的重要性，意识到会计基础工作薄弱会给高校财务工作带来的潜在风险，要按照精干、高效的原则，根据会计业务需要设置会计机构，足额配置合格的会计人员，确保《中华人民共和国会计法》规定的不相容岗位相互分离、相互制约。

②切实加强学费收入管理

高等教育改革的不断深化及教育成本分担机制的逐步实施，让学费收入成为高校经费的重要来源。高校必须加强收费工作内部控制，制定和实施必要的制度、程序和措施，加强日常防范工作，及时发现和纠正错误与舞弊行为，保证收费工作合规合法和程序规范有序，保证收费管理活动有效进行和资金安全完整。

③强化会计审核监督工作

针对会计基础工作规范执行的薄弱问题，高校会计审核监督尤为重要。要及时修订、补充和完善各项财务规章制度，进一步明确财会人员的职责权限，并相互分离、相互制约。加强制度执行力，完善各单位的财务管理工作。通过有效的会计监督，加强财务管理，增强会计基础工作规范执行的严肃性和准确性，将过去的事后检查监督转变为事前、事中及事后全过程的控制。

2. 票据管理不规范

（1）案例描述

受上级主管部门委托，会计师事务所在对某高校 2013 年预算执行情况和财务决算审计中，发现该高校发生下列票据使用不规范的经济业务。

2013 年 9 月 5 日，收到本市教育局青年教师培养培训费 60 万元，该校开具江苏省行政事业单位资金往来结算票据，经济内容为青年教师培养会务费，会计账务处理上作为代管款项，用于学校青年教师培训相关的课时费、劳务费等支出。2013 年 10 月 6 日，收取学生全国计算机等级考试报名费 53 万元，开具江苏省行政事业单位资金往来结算票据，直接用于考试各项支出。2013 年 11 月 8 日，收到外国语学院全国英语四、六级考试考前辅导费 13 万元，开具江苏省行政事业单位收费收据。

（2）案例剖析

本案例中，该校未按规定用途使用票据，存在着财政票据和税务发票混用和滥用现象，违反了《中华人民共和国发票管理办法》（财政部令第 6 号）第十九条、《事业单位财务规则》（财政部令第 108 号）第十一条、《高等学校财务制度》（财教〔2022〕128 号）第二十一条、《关于进一步加强行政事业单位资金往来结算票据使用管理的通知》（财综〔2013〕57 号）第三条规定。

高校违反票据管理相关规定，出现票据的混用、串用、滥用等现象，究其原因，可归纳为以下三个方面。

①票据管理意识淡薄导致票据使用和收费核算不规范

部分高校出现票据混用、串用、滥用、遗失、虚假财务信息等问题。本案例中，该校收到的市教育局青年教师培养培训费 60 万元，以及收到外国语学院全国英语四、六级考试考前辅导费 13 万元，属于学校对外服务经营性收入，分别开具了江苏省行政事业单位资金往来结算票据和江苏省行政事业单位收费收据，票据使用与会计核算均不规范。该校收到的计算机等级考试报名费属于非税收入，开具江苏省行政事业单位资金往来结算票据，并直接用于考试各项支出，不仅票据使用不规范，而且坐收坐支。

②票据管理及使用人员业务素质不高

一些高校票据管理人员对票据管理、税收等相关专业知识、政策和规定了解甚少，工作中容易出现混用、串用票据，随意更改开票项目、开票日期、开票金额，随意转借票据等情况，尤其是个别票据使用人员开具阴阳票，从而造成不良的后果。部分财会人员缺乏相关的专业知识，对收入的性质存在模糊认识，不能正确判断非税收入和经营性收入。在实际工作中有些财会人员无法准确区分不同性质、不同门类的收入，致使具体开具票据时出现错误。另外，由于财会人员税务知识缺乏，不能很好地利用国家的税收优惠政策为学校服务。

③高校票据管理方式落后

目前，一些高校的收费票据管理仍然采用传统的手工记录方式，即票据的购入、领用、缴销、信息汇总等都由票据管理人员手工逐项填写。手工开票主观性强、随意性大，容易出现违规开具票据现象，而且难以及时发现和纠正收费票据使用过程中的违规行为。很多高校在会计核算、预算管理、财务决算等方面已基本实现信息化，而收费票据管理没有全部纳入信息化，采用这种相对落后的票据管理方式，其结果是工作强度大，工作效率低，准确率不高，出错在所难免，难以适应现代财务管理的理念，更不符合当今高校财务管理信息化发展的要求。

（3）改进建议

本案例中，该校收到的该市教育局青年教师培养培训费60万元，以及外国语学院全国英语四、六级考试考前辅导费13万元，均属于学校对外服务经营性收入，应及时确认收入，开具税务发票。该校收到的计算机等级考试报名费53万元属于非税收入，应开具行政事业单位收费收据，及时足额上缴财政专户。

为了加强高校收费票据管理，规范各类票据使用行为，应做好以下工作。

①增强票据管理意识和责任

高校领导应高度重视收费票据管理，增强严格执行财经法规意识和规范使用票据的责任意识，明确高校负责人对收费票据的真实性、合法性的管理职责。收费票据管理工作量大、涉及面广、政策性强，高校分管领导、财务部门负责人、票据管理人员要高度重视，增强责任，规范使用。只有建立和完善票据管理责任制，才能更好地维护财经纪律，使收费票据管理规范化、制度化。

②提高财会人员业务素质

财会人员业务素质和职业道德水平是票据管理工作的基本保证。财会人员要认真学习国家及上级主管部门制定的有关票据管理、收费管理及税收知识等的财经法规，强化对票据管理工作的责任意识。

③实现票据管理手段的信息化

研发和应用先进的票据管理信息系统，将手工操作的票据入库编号、申请领用、回收登记、查询汇总、统计信息、跟踪监督等票据管理工作全部纳入财政票据管理信息系统，真正实现票据管理手段的信息化。在财政票据管理信息系统中设定已批准的收费项目和收费标准，有效避免随意开具收费项目的现象。

3. 擅自变更收款单位

（1）案例描述

2019年3月，某高校在新诚公司购买了一台价值30万元的专用设备，新诚公司于4月1日将设备运送至该校并调试至可运行状态。根据合同约定，该校应在设备调试成功后1个月内付清全部货款。直至9月5日新诚公司仍未收到设备款，于是致电该校财务处询问付款情况。该校财务人员查询账务系统和银行付款信息后告知新诚公司，该笔款项已于5月12日付款成功，但新诚公司坚称并未收到该笔款项。

后经该校财务人员查阅所附原始凭证发现，购买合同上提供的收款单位银行账号系新诚公司在交通银行鼓楼支行的对公银行账号，但是实际收款单位却是通达公司，合同后还附有公司业务经办人张某提供的变更收款单位银行账号说明，即通达公司为新诚公司的材料供应商，新诚公司尚欠通达公司款项未偿还，同意将该笔30万元设备款直接支付给通达公司。但该校付款所附说明只有经办人张某的签字，并无新诚公司授权书，该校财务处随即找来经办人张某和财务处经办人员李某核实相关情况。李某解释说，当时张某以紧急付款为由让李某先制单付款，新诚公司的委托付款授权书随后补给财务处。

李某考虑到张某经常到财务处办理业务，比较熟悉，于是在手续不完备的情况下就先制单并通知银行出纳支付给通达公司，直到新诚公司打电话询问付款事宜，通达公司也未送达委托付款授权书。事发后，在警方的介入下，张某交代了自己因为赌博欠下了大笔赌债无力偿还，恰好此时项目负责人让自己到学校财务处办理新诚公司的设备付款相关事宜，于是就打起了该笔款项的主意。张某到该校财务处找到了平时关系不错的李某，而后将款项转到了自己朋友经营的通达公司。随后，张某还向警方交代自己为了能够获得更多的资金用于赌博，同年7月底以高利贷的形式向学工处招生办主任陈某借了25万元，该资金并不是陈某的个人财产，而是学校在暑假期间收取的招生点招费用。陈某本想开学后交给学校财务处，利用时间差获取额外利息收入。陈某对此事实供认不讳。

（2）案例剖析

该高校财务人员和具体经办人的做法违反了以下规定。

《中华人民共和国会计法》第十三条、第十四条，《会计基础工作规范》第七十五条，《国务院办公厅转发财政部、审计署、中国人民银行〈关于清理检查“小金库”意见〉的通知》（国办发〔1995〕29号），《中华人民共和国商业银行法》第四十八条第二款，《现金管理暂行条例实施细则》（银发〔1988〕288 号）第十二条规定。

该校之所以出现以上多种违规行为，究其原因，主要有以下几方面。

①财务人员未履行应有的审核职能

该校财务人员李某责任心不强，没有发挥好财务人员对于原始凭证应有的审核和监督作用，在明知变更收款单位信息需要有收款单位出具委托付款授权书而业务经办人张某又没有提供授权书、报销手续不完备的情况下仍然为其办理业务，给学校带来了一定的经济损失和财务风险。

②业务经办人员法律意识淡薄

招生办主任陈某没有意识到公款私存行为的严重性，认为自己只不过是暂时借出一两个月，不会给学校造成多大的损失和影响，殊不知该行为已经触犯了国家法律法规。张某和陈某出于对个人不正当利益的需求，将单位资金据为己有，反映出该校法律法规宣传教育缺位。

③检查监督不力，给不法行为以可乘之机

该校之所以出现以上多种违规行为，其根本原因在于学校内部控制制度不健全，会计基础工作薄弱。如果银行出纳在付款时能够发现张某在变更收款单位一事上提供的手续不完备而拒绝付款，或者该校大额资金支付审批能真正发挥作用，则可以有效地制止张某的不法行为。

（3）改进建议

针对上述一系列违规行为，可参考如下建议。

①增强职工财经法规意识

高校应充分利用网络、报纸等各种渠道，加强财经法规政策宣传，让广大教职工充分认识到私设“小金库”、公款私存等不法行为的严重性，增强教职工的法治意识和自律意识，防微杜渐，确保财务收支活动的合法、合规。

②提升会计人员职业道德素养

学校领导应充分认识到会计基础工作规范的重要性，加强会计人员职业道德教育，提升会计人员职业素养，使财务人员能够真正发挥其应有的审核和监督作用。

③加强内控制度建设，强化会计审核监督

高校要切实加强内部控制制度建设，完善财务工作流程，强化内部监督。财务人员对于手续不完备的原始凭证，应予以退回，要求经办人员予以更正、补充。通过有效的会计监督，达到加强财务治理、增强会计基础工作规范执行的严肃性和准确性，防止和减少舞弊行为的发生，保证会计资料的真实、合法和完整。

三、高校会计人员职业风险管理

（一）高校会计人员的职业风险

高校会计人员职业风险分为会计人员内在风险和来自外部环境的外在风险。内在风险主要是由于会计人员的专业水平、政策水平等个人素质而产生的风险；外在风险是由于社会大环境及高校小环境对会计人员的影响而产生的风险，如表2–3所示。

表2-3　会计人员职业风险分类

内在风险	经济风险：由于疏忽大意或业务不精、水平有限等技术问题，发生业务差错，导致经济损失，从而给个人和单位造成经济风险
	法律风险：由于不熟悉国家财经法律法规，只凭感觉或听从他人指挥做事，因盲目而发生违法违规行为，造成法律风险；或者由于会计人员受利益驱动，丧失了职业道德，作出主动做假账等违法行为，造成法律风险
外在风险	违意风险：是指会计人员未按指使人或授意人的意图做出违反法律法规的会计事项，从而可能带来被打击报复的风险
	违法风险：是指会计人员被指使或被强迫，按照指使人的要求做出违法违规的会计事项，从而可能带来被追究刑事责任的风险

（二）高校会计人员的风险保护

会计人员的内在风险可以通过个人努力，逐步精通业务和掌握经济政策来化解，通过职业道德教育和法律制裁来规范。外在风险来自环境和他人，除需要改善环境外，社会也应给予应有的风险保护。

（1）完善会计法规

必须完善相应的会计法律，减轻会计人员的法律责任，加重与权力相当的其他人员的经济法律责任。在这方面新会计法已经作出修改，将单位负责人列为会计工作和会计资料真实性、完整性的责任人，为会计人员规避外在风险提供了最有力的保护。同时要让违法者为违法付出更大的代价，而不是让会计人员承受更大的风险，以减少违法行为的发生，从而降低会计职业风险。

（2）改善会计执法环境

由于会计依法办事的执法环境不完善，执法困难，承受的压力和风险大，因此需要各方面共同努力，改善执法环境，在搞好服务的同时保护会计人员依法办事的权利。

（3）完善经济责任制

实行经济责任制，建立和完善校、院、系三级领导经济责任制，开展经济责任监督，降低会计风险，普及财经法律法规。

（4）会计人员应加强学习和提高素质

加强学习、提高自身素质是会计人员规避内在风险的最有效的办法。

第四节　高校资产管理

一、高校资产管理的目标

高校要想做到可持续发展，就必须安置好高校资产这一重要资源。实现资产的优化配置，发挥现有资产的社会效用。高校资产管理体制改革迫在眉睫，其目标具体表现在以下几点。

（1）保障资产的完整性、安全性。即能保护高校资产的产权和存量不受人为干预或非自然侵害。

（2）保障使用资产合理合规。要使资产使用高效且合规，就要对高效资产实行专业化管理，建立好各学院、各行政部门的资产利用效率评价制度。可以实际提高高校资产的利用率。

（3）资产的优化处置。在对高校资产的处置方面引入竞争机制，维护好资产的交易市场，让市场经济的手去调节。必须实现程序正当性，这有利于避免处置资产的随意性。

（4）资产的配置合理。对于资产配置要做到宏观调控，避免重复购入资产造成资源浪费。规划好预算支配，根据轻重缓急安排次序配置资产。

（5）资产的高效管理。要确保资产管理制度的完善，从上到下分级授权，层层管理井然有序。保障高校资产处在全过程、全方位的管理中，完善资产的网络信息管理系统，保障资产基础数据的及时性和准确性，为资产管理者的决策提供服务，保障高校资产的高效管理。

二、高校资产管理的特点

高校是公益性的教育事业单位，主要面向学生提供教育服务和精神产品。高校资产管理的主要任务是通过充分调动资产资源，为教职工作者在教学服务中提供便利，进而提高教学质量，培育更多高质量人才，产生更多科研成果。然而，高校的事业活动受很多因素的影响，并且多以社会效益的间接形式表现出来。因此，高校资产管理的特点主要表现为以下几点。

（1）消耗、占用与产出成果之间不存在线性关系，资产投入与产出未呈现相关程度。

（2）资产使用的产出成果难以用经济效益衡量。

（3）鉴于高校的事业活动本身不创造物质财富的特性，高校资产管理的优劣以资源消耗和资源节约量、教育服务数量的增加和减少、教育质量的提高和下降来衡量。

三、高校资产管理的模式

根据高校资产管理现状来看，很多高校都根据自身特点采用不同的资产管理模式。管理模式主要有以下三种。

（一）专门管理模式

专门管理模式又叫设备处模式。该模式通常应用于资产数额较大、设备数量较多的理工科占优的高校，主要由高校的原设备管理部门或实验室管理部门转变为高校资产管理的主要部门，负责全校的资产管理工作。这类管理模式的主要特点有以下几点。

（1）代表学校管理国有资产的购置经费的申请、分配，采购计划的论证、制订、实施、验收、建账、立卡等管理工作。

（2）归类管理学校的六大类资产。

（3）负责学校实验室人员的培养、使用、考核、职称评定等组织工作。

专门管理模式的优点是协调资产管理和使用过程的管理，尽可能避免了重复购置浪费资产的现象。由于有原设备管理部门或实验室管理部门的经验，对实验室和设备管理的工作容易上手。缺点则是管理中涉及的职能繁多、人员冗杂，牵涉人、财、物的综合管理复杂。并且在进行资产管理时，因与财务处、后勤处等资产管理部门存在工作交叉，造成职责范围不清晰等问题。

（二）集中管理模式

集中管理模式又称资产处模式，亦称“资金蓄水池法”，是一种由“资金蓄水池”来集中分配资金的管理模式。它不分资金期限长短，先是由“蓄水池”把它们集中起来，然后根据资产流动性和营利性目标的要求，将其分配到银行认为最合适的资产上去。该模式针对高校原分散在各处室的国有资产管理职能进行重组，组建一个国有资产管理处的机构，负责固定资产、流动资产和无形资产的管理。这种管理模式的主要特点有以下几点。

（1）按照高校资产的分类，从宏观上参与高校资产的管理工作，监督高校资产的使用情况。

（2）对教学、科研购置所使用的高校资产实行归类管理，并负责高校资产效益评价、考核、上报等工作。

（3）归类负责无形资产和固定资产的购置、申请、使用、分配情况。

高校采用集中管理模式，可以通过宏观调控提高高校资产的使用效率和高校资产管理的工作效率。同时将设备采购纳入其职能范围，从而最大限度地避免了重复购置等引起的浪费和国有资产流失。这也是目前我国大多数高校普遍采取的一种资产管理模式。

（三）分散管理模式

采用分散管理模式的高校，一般是由于原来就没有专门的资产管理机构，或者是高校将原来的资产管理机构职能分散。在这种模式下，高校将属于资产管理机构的职能分散到其他职能科室，如财务处、教务处、科研处、后勤处等。这种管理模式的主要特点有以下几点。

（1）负责资产管理的各部门各尽所能，财务处下设国有资产管理科负责财产账。

（2）教务处或科研处下设实验室或设备管理办公室，负责实验室和设备管理工作。

（3）后勤处负责学校后勤管理，设立专门的采购中心，履行采购供应等职能。

这类管理模式的最大优点是由于撤销了原有机构，职能分散，使得高校机关部门精简，减少了资产管理人员。然而，这类资产管理模式存在着明显的缺陷。由于职能分散，该种管理模式下的高校资产管理工作在学校中地位低、作用不明显，容易造成资产管理职能缺位等问题。再者，由于没有一个统一领导的国有资产管理部门，国有资产宏观管理工作难以开展，造成在资产预算、采购、清查等工作中没有统一的部门领导，容易造成重复购置和组织清产核资困难等难题。在国有资产管理具体工作中，由于没有专门的国有资产管理机构代表学校行使国有资产管理职能，导致分散在各部门的资产需要进行相互协调、统一调配，管理成本较高，使一些国有资产管理事务难以得到落实和解决。

以上是对我国高校主要采用的资产管理模式特点的概述。对于哪种管理模式更适合我国高校的实际情况，不能一概而论，应该结合高校的自身特点进行选择。纵观我国高校资产管理模式的发展可以发现，高校资产管理模式的发展是伴随着我国经济的发展而来的。在计划经济体制下，一般高校都采取无专门的国有资产管理机构模式；而在现今市场经济体制下，大多数高校都改革制度、创新管理，采用资产处管理模式。成立资产处将高校六大类国有资产集中进行管理，是符合当今高校发展需要的，它可以加强高校资产的微观管理、宏观管理和监督管理，提高高校资产管理效率。

四、高校资产管理的强化

高校如若能做到科学管理高校资产，建立健全维护、保养体系，对于资产行使效能是百利无害的。高校资产管理的重点工作就是要强化资产管理措施，落实管理、使用、维护的职责，对于在资产管理过程中可能出现的问题，如管理混乱、资产严重流失、重复购置资产造成资源浪费等要尽量妥善处理。

（一）拓宽资金渠道，降低资金成本

由于国家财政投入有限，高校本身也面临着学杂费等收入不够支撑高校事业活动等问题，高校想要满足科研和教学方面的需要，就必须改变等着国家托底的思维。要主动去拓宽资金渠道，降低资金成本。

（1）加强资金管理，对于不相容岗位要严格执行相互分离制度、对账制度和稽核制度。要消除资金管理中的安全隐患，就要做到定期核对银行账目，盘点库存现金，杜绝坐支现金和白条抵库，严格执行收支分开的规定，严格遵守库存现金限额管理，严格按照规定现金使用的范围使用现金。

（2）积极争取国家政策支持。高校要主动与财政部门、教育主管部门等进行沟通，争取财政资金支持，扩大高校办学自主权。

（3）拓宽社会资金收入渠道。高校要合理利用自身丰富的教育资源优势和良好的社会影响，扩大函授、夜大、短期培训等办学规模，积极开展社会有偿服务，通过校友会、基金会等多种形式，以及社会捐赠、赞助、开展合作等途径拓宽社会资金收入渠道。

（4）建立健全相关机制。根据事权与财权相统一原则，协同相关部门建立健全与目标、责任、绩效挂钩的资源分配机制、风险评估管理和风险预警机制。完善以内部控制为核心，以大额资金流动集体决策、常规资金支付授权审批等为重点的资金安全管理制度，严格督促相关工作人员认真执行，定期提交经济

活动风险评估报告。

（5）保障学杂费及时缴费。加大对学杂费催缴力度，加强与学校教务处、学生处、各院系的协调沟通，确保学费、住宿费等学杂费应收尽收，并严格实行收支两条线管理，及时足额上缴财政专户，积极主动申请财政及时返拨，保证学校收入及时到位，满足教学、科研资金需要。

（6）规范收费工作。严格按照发展和改革委员会批准的收费标准收费，不能扩大收费范围和提高收费标准。收费时必须出具收费票据，不得扩大收费范围和提高收费标准，收费不能巧立名目。

（7）加强票据管理。严格按照规定程序办理票据的领用、发放、开具、收缴、核销等手续，确保票据的安全。

（8）加强与银行等金融机构的战略合作。积极争取信贷资金，同时通过处置或置换学校闲置校区地产，优化配置学校资源，最大限度地筹集办学资金，努力减少学校债务、减轻利息负担、降低资金成本，便于学校更好地发展。

（二）定期清理往来款项，降低借款金额

高校针对往来款项科目多、期限长、年末余额大等状况，要开展强硬的管理手段，对于往来款项要加大催缴清理力度，对于往来款项科目数量和往来款项余额要采取降低的有效控制措施。建立健全的往来款项清理催缴机制和核销机制，这有利于缩短资金占用期限和提高资金使用效率。例如，对于高校职工借款或为职工垫付款，可以追根溯源，采取限期报销或归还，过期扣款的措施；对于学校各部门的开支，可使用学校特定办理的公务卡、银行贷记卡支付款项，经办人员按学校规定报销后由学校财务部门在到期前一周内归还刷卡金额；对于购置高价设备，规定学校必须验货见票后再支付款项；对于那些期限长、原因不详无法收回或支付的应收款、垫付款、应付款等往来款项，应落实责任，按规定程序批准后核销或转销，降低往来款项余额。

（三）加强资产管理，避免重复购置

要防止高校出现浪费学校资金、重复购置资产的情况，高校就要强化资产管理措施，杜绝管理混乱的乱象。这就要求高校做到相关机制的运行，如资产批购

用保管理机制，加强对固定资产的申报、批准、采购、验收、使用、维护、保管、处置等方面的审批，提升资产管理的效益有利于提高资产的使用效率。

1. 规范固定资产审批、采购、验收行为

（1）统一固定资产购置申报、审批程序，严格执行审批手续

高校应当制订具体可行的、规范的固定资产购置申报、审批程序，要求高校各部门在购置固定资产前，特别是购置价值较大的固定资产前，必须向学校资产管理部门提交购置申请，首先由学校资产管理部门在学校现有资产中统一调剂配置，若无法调剂且必须购置的，由申请购置部门组织相关专家会同资产管理部门、财务部门、监察审计部门相关人员，从技术性、经济性、实用性、必要性等多方面进行科学、充分的可行性论证和效益评估，并提交由专家签署意见的固定资产购置可行性论证报告和效益评估报告，同时注明购置资金来源及金额；学校资产管理部门受理申请后，严格按照“必需、节约、有效”的原则签署审批意见，并报学校分管领导审批；学校领导同意后，由学校资产管理部门汇总统一安排下一步的购置活动，切实解决当前高校各部门购买设备的随意、无序状况。

（2）统一固定资产验收办法，规范验收程序

高校应当制订统一的固定资产验收办法，严格固定资产验收手续，指定资产管理部门和监察审计部门等专人亲自对所购设备的品种、规格、型号、数目、质量、单价、金额和其他相关内容进行实地验收，详细登记验收固定资产的各项指标（品名、规格、型号等），明确保管责任人和资产使用人，落实存放地点，并出具验收报告，以防止有名无实、虚领谎报、随意侵吞学校资产的违法、违纪行为。

（3）统一固定资产采购办法，规范采购付款行为

高校应当建立健全固定资产政府采购预算与计划管理、政府采购活动管理等内部管理制度，明确相关岗位的职责权限，确保政府采购需求制定与内部审批、招标文件准备与复核、合同签订与验收、验收与保管等不相容岗位的相互分离，建立预算编制、政府采购与资产管理部门或岗位之间的沟通协调机制，规定统一的购置标准，限定社会信誉好、产品质量高、售后服务棒的供货单位；坚持固定资产购置的决策、监督、执行、付款、验收等诸环节的有机结合，相互制约，以

达到合理配置和利用各项资源，杜绝浪费和违法、违纪行为。

高校各部门必须根据批准的固定资产购置申请，按规定的标准编制政府采购预算，由学校资产管理部门按照已经批复的固定资产购置申请集中制订政府采购计划，采用公开招标形式，定期、统一、集中招标采购，改变当前由校内各部门自行选择供货单位，价格由各部门与供货单位协商确定的零星、随意的采购行为，增加设备采购的透明度，尽可能以最少的投入获得最大的社会效益及经济效益。

公开招标必须实施归口管理，由学校资产管理部门会同财务部门、审计部门、纪检监察部门统一负责，具体落实公开招标的整个过程。按规定确定中标单位后，由申请部门、资产管理部门和供货单位签订具体的经济合同，明确三方的权利、义务，同时加强合同签订、履行过程的严格监控。对于影响特别大、涉及较高专业技术或法律关系复杂的合同，高校应当组织法律、技术、财务、审计等工作人员参与谈判，必要时可以聘请校外专家协助工作。

资产管理部门应当对合同实行全过程管理，加强对合同登记管理和合同信息保密管理，定期对合同进行统计、分类、归档，详细登记合同的订立、履行、变更和完成情况。合同执行过程中因特殊原因导致无法按时执行的，高校应当严格按照国家有关规定及时采取有效应对措施，签订补充合同或变更、解除合同，谨防合同纠纷。学校财务部门应当严格按照签订的合同，根据经办人按规定办齐手续的合法的报销单据，按时足额付款，并严格审查审批手续是否完备、票据是否合法、经费是否到位。

2. 规范固定资产配置、使用、维护行为

高校应当健全固定资产事前、事中、事后管理，日常监督和专项监督相结合，配置、使用、处置相协调和良性循环的具体管理办法，专门设置资产管理岗位，明确相关岗位的职责权限，特别是落实保管责任人、使用人在资产保管和使用中的责任和相关要求，建立健全相应的固定资产用管约束机制、激励机制和损坏赔偿追究机制，强化对固定资产配置、使用、调剂、处置等关键环节的管控，规范固定资产使用行为。

（1）资产管理部门应当按照国家相关要求，健全资产信息管理系统，借助现代信息技术手段，做好固定资产的统计、报告、分析工作，全面、及时地掌握学校固定资产管理信息，实现对固定资产入口、使用、出口等各个环节的动态管理，并对固定资产实行分类、归档、集中管理，突出资产管理部门的责任，认真做好固定资产的使用管理工作，在学校内部实行资源共享、优化配置、统一调度、调剂使用，建立健全固定资产使用目标考核责任制，对学校固定资产实行绩效管理，充分调动学校各部门及其相关人员的积极性，全面发挥固定资产最好的功效，最大限度地提高使用效率，避免闲置和浪费，为管好、用好固定资产奠定基础。

（2）严格固定资产保管及使用行为，安排专门人员负责固定资产的保管，强制要求学校所有固定资产集中保管、统一安排使用。在使用时，由使用人填写固定资产使用申请表，列明使用事由、使用期限，报部门负责人审批同意后，由保管人将其所需固定资产移交使用人，并向使用人提出具体的要求，提醒其按期归还。健全固定资产交接制度，在使用过程中，保管人应当对使用人使用固定资产的情况进行监督检查；使用人必须无条件接受保管人的监督检查，保管人老发现问题，应及时提出整改意见和建议，防止固定资产使用中的不当损失和浪费。

（3）加强固定资产的清查盘点和日常维护维修的管理。资产管理部门和部门资产保管人应当健全固定资产财产清查制度和损坏赔偿责任追究制度，设立专人、专岗负责定期对所占有、使用的固定资产品种、数量、存放地点、使用人、保管人、使用状态等进行清查盘点，做到家底清楚，账、卡、物相符；定期检查固定资产使用状态和检测设备运行状态，定期进行保养。若需要维护维修，先保证在售后“三包”服务期内由供货方或生产厂家解决，无法在“三包”服务期内解决的，统一由学校资产管理部门安排专人负责解决，维护、维修费用统一由学校预算安排的设备维护、维修费列支。

3.规范固定资产出租、出借、处置行为

高校对固定资产的使用和处置要集中管理、统筹安排。对于不常用的固定资产，相关部门可以申报主管部门，获得审批后可以对外出租、出借。在出租、出借时，高校必须办理相关报批手续，详细登记出租、出借固定资产的品种、规格、型号、金额等，并与需求方签订相关资产出租、出借合同，具体明确双方权利，明确出租、出借期限，租金及付款时间和付款期限等内容。产生的租金收益要经由学校统一核算和管理，相关支出由学校资产管理部门统筹安排，实行“收支两条线”管理。

对于闲置的陈旧、无法使用的固定资产，要由学校资产使用部门提出处置申请，经学校资产管理部门组织校内外专家进行充分的论证，并出具固定资产报废、处置意见，由学校资产管理部门统一向上级主管部门办理资产报废、处置的相关审批手续，经上级主管部门批准后，招标、聘请具有相应资质的评估机构进行资产评估。以评估价为底价，按照公开、公正、公平的原则采用拍卖、招投标、协议转让等方式进行公开处置，增加固定资产报废、处置的透明度，并将处置收入纳入单位统一核算。

4. 规范固定资产会计核算行为

根据当前高校的固定资产核算模式现状，高校资产管理部门和财务部门等有责任分别对固定资产进行会计核算，高校也要对固定资产会计核算行为作出一定的规范。

财务部门要核算高校的固定资产的存有和转出的总账、明细账。按照《高等学校财务制度》的规定，对固定资产进行分类核算。

学校资产管理部门应当使用固定资产管理系统对固定资产进行较为全面的总账、明细账、卡片账“三账一体”的详细的会计核算和数量管理。在固定资产管理系统明细账和卡片账中，应当详细记录固定资产数量、金额、规格、型号、使用单位或使用人、存放地点、保管人、外观形态等，确保能与之相符。

高校资产管理部门和财务部门应当定期盘查，进行规范的账务处理，对确实已处置的设备或建筑物等，及时根据相应的处置报废资料从账务处理系统和固定资产管理系统中核销；对于清查盘盈的固定资产，同样要按重置价格或市场价格及时在账务处理系统和固定资产管理系统中增加，避免账实不符。

当前各高校校园内种植了数量多、品种多的花草树木，也包括较多的文物和纪念品，但这些资产都没有在学校账务处理系统和固定资产管理系统中反映出来。因此，高校相关部门应当规范高校动植物、文物、纪念品等的核算，完善高校固定资产会计核算制度，全面反映高校固定资产实情。

5. 健全对外投资管理制度和责任追究制度

高校想要在四郊多垒的市场经济中脱颖而出，就要改善自身一些不良状况，如对外投资少、范围小、投资防范意识差等。确保严格执行不相容岗位分离制度，完善对外投资管理制度，设置投资管理岗位，招聘投资管理人才。关于对外投资，高校要大胆提议小心论证，听从专家意见以及技术咨询，全面分析论证对外投资的可行性。根据投资目标和规划，科学拟订投资方案和选择投资项目，对外投资的项目和金额要由学校领导班子集体决定，这样能尽量避免盲目投资、缺乏斟酌导致的混乱现象，确保投资活动严肃认真。

根据国家对外投资有关规定和学校授权审批制度、风险控制制度、投资管理制度，以及与被投资方签订的投资合同或协议，高校在已明确出资时间、金额、方式、双方权利、义务及违约责任等内容的前提下，应适当做好资金投放结构的安排工作，保证高校资产兼具流动性和营利性，且使营利性最大化。投资资产保管制度和会计控制制度可以针对对外投资项目的管理，使其有更明确的方向和保障，同时也能对资产回收和处置起到一定的控制作用。针对高校对外投资随意的情况，想从根本上改变就需要建立责任追究制度。当对外投资中出现重大决策失误，人员不履行集体决策程序、不按规定执行对外投资业务时责任追究制度的完善可使高校做到有章可循、有法可依，追究相关人员的责任。有助于督促高校谨慎投资，提高投资效益。

6. 健全考评制度，重视激励机制

从实事求是的角度出发，高校要自觉针对自身情况，做好资产管理工作考核机制和激励机制的工作，设立一定的标准，有助于工作人员在工作上保持较好的积极认真的面貌。做好奖惩方面的工作，重视考核结果。

资产管理工作考核机制主要是对高校资产管理情况和管理效果设立一个定性的评价标准，既为高校资产管理提供指导性方向和目标，又为评价高校资产管理情况提供依据和标准，是高校资产管理的关键环节，也是工作量最大、难度最高的环节。在资产管理工作考核机制里，无论是学校高层管理者，还是师生员工，都有对高校资产管理的缺陷和对症下药的措施的感知。可见，资产管理工作考核机制是资产管理的重要一环，正因如此，高校要进一步完善资产管理工作考核机制。

（1）明确考核的含义

高校资产管理考核机制主要是针对高校的资产管理制度完善和执行的情况，以及针对高校资产管理中的失误和错误行为的规范情况。

（2）明确考核的考官

要保证资产管理工作考核的客观、公平、公正及权威性，必须由具有相对独立权限的机构来负责。高校宜建立一个由校长或书记为主要负责人、由各关键部门领导为成员的资产管理考核小组，并赋予其资产管理和收益考核权利的正当性。

（3）明确考核过程

①明确考核标准

高校资产的管理是否能正常实施与高校资产管理考核标准息息相关，考核标准是判断管理效果的依据和准绳。没有切实可行的考核标准就会导致考核过程流于形式。高校有必要投入一定的人力、物力、财力，由权威部门建立一套完整的、公认的高校资产管理考核标准，使高校资产管理考核有章可循。

②明确考核方法

高校在实际的考核中常用的考核方法有面对面的直接口头汇报、正式的书面文字汇报、直接观察、抽样检查、问卷调查、集中座谈等。

③深入基层，并制度化

高校资产管理考核应实事求是，杜绝形式主义表面化的工作。

（4）明确考核结果奖惩制度

高校资产管理的工作考核完成以后，要针对考核结果健全激励机制。通过业绩与薪资挂钩等形式，建立科学合理的激励机制有利于高校将所有师生员工的利益与高校的长期发展相结合。

7. 重视无形资产管理，确保高校合法权益

高校要养成知识产权的保护意识，重视对无形资产的管理，在合理合法的范围内对于高校有关知识产权等无形资产要申请办理评估认定及相应的证书。比如，个别高校拥有丰厚的知识资源和科研成果，在学科培养、师资培养、科研人才和管理人才上都具有很大的优势。有必要申请著作权、非专利技术等无形资产。各高校通过外购、自行开发及其他方式取得的土地使用权、著作权等应当合理计价，

对于高校的运作，也是一笔收入。高校应当以此为契机，建立健全知识产权等无形资产管理制度和办法，广泛地探明学校拥有的无形资产，彻底改变高校重研究、轻应用，重论文、轻效益的不良状况，充分发挥无形资产对提升高校知名度和核心竞争力的作用。

第五节　高校成本管理

一、高校成本核算

成本控制的基础，同时又是实现成本补偿、促进成本分担比例科学合理的前提，又是高校各个投资主体认识其投资效益的一个重要方式，这些都是指成本核算。教育作为一项公共物品，其收益具有间接性、隐性和社会性等特征，并且教育活动不能直接产出，教育成本也不能直接得到回报。因而，作为非营利组织的高校，既不需要计算盈亏，也不需要核算教育成本。高校的这一特性使得教育成本核算理论与实践的发展受到了很大限制。高校教育成本核算一直停留在理论探讨阶段，实践应用极少。但是随着环境的变化，教育制度的变迁，教育观念的改变，包括高校管理者在内的各教育投资主体对成本信息的了解有了前所未有的需求，他们需要更科学、更准确、更相关的成本信息。为了满足人们对成本信息的需求，高校财务必须由不提供成本信息转变到提供科学而准确的成本信息，这就需要运用科学合理的成本核算计量技术方法。因此，本章将重点讨论高校成本核算的基本原则与技术方法。

（一）教育成本概述

1. 教育成本的内涵

人们要达到一定的目的或者进行生产经营活动，就必须拥有、配备并消耗一定的资源，这些资源包括人力、物力和财力等，这就需要人们对这一耗费过程进行统计、计算和分析。“成本”是一个重要的经济学概念，马克思第一次从经济学的视角论述了“成本”的性质。他认为，成本的实质就是生产货物或服务所消耗的生产要素的价值，而商品的成本价格就是对所消耗的生产资料的价格和所使用的劳动力价格进行补偿的那部分价值。由以上表述可知，成本是在生产和经营的各项经济活动过程中发生的，它是商品价值的组成部分，它是为达到特定目的而耗费或放弃的人力、物力和财力资源的货币表现及其对象化。成本是商品价值的重要组成部分，是生产经营活动中耗费的各项资源的综合表现，同时成本可以反映一个单位经济活动的效益。成本可以分为直接成本和间接成本，直接成本可以与特定的对象联系起来，可以进行成本追溯，即将直接成本分派到特定的对象的过程；间接成本是指与特定成本对象相关联，但不能以特定经济对象进行成本追溯，只能在相关成本对象间进行成本分配。

教育是一种特殊的经济活动。20 世纪 50 年代末、60 年代初产生了教育成本这一概念，这个概念也是因为西方对教育经济学的不断深入研究而提出来的。教育成本是教育经济学的一个重要组成部分。尽管人们对教育成本这一概念有着不同的表达方式，但还是在教育内涵本质上达成了基本共识，也就是教育成本实质是教育资源耗费的价值表现，也可以称之为教育活动所耗费的物化活动和活劳动的总和。它包括以货币形式实际支出的教育资源价值，同时也包括这些资源因用于教育而损失的非教育用途所取得的经济价值即机会成本。根据教育成本的本质可以知道，高等教育成本有广义和狭义之分。

广义的高等教育成本是指培养一位高等学校学生，国家、社会和家庭在一定时期（一年或一个周期）内所耗费的全部费用，包括学校用于培养高等学校学生所支出的费用，即包括教学支出、教学辅助支出、后勤维护支出等；学校因培养学生占用资源用于非教学的机会成本；学生及学生家庭用于学生的学杂费、学费、学习期间的食宿费、交通费、学习用品等所支付的费用；学生个人因受教育而放弃的收入（机会成本），学生因接受高等教育而不参加生产劳动，个人就业时间缩短而减少的那部分收入；社会损失的劳动生产力和国民收入。

狭义上的高等教育成本是指高校或者其他相关高校教育机构在一定时期内为了培养大学生而进行的投入，能够用货币计量的教育资源价值，并且不包含社会和个人投资在高等教育中而丢失的机会成本。这里所说的狭义高等教育成本也就是高等学校教育成本。由此可以看出，高等学校教育成本是高等教育成本中的一个子概念。

教育活动是一种特殊产品的生产过程和资源耗费过程，教育活动生产出来的“商品”的特点决定了教育成本的特殊性。教育成本与企业的产品生产成本概念有着明显差异，具有特殊的内涵。

2. 教育成本的构成

教育成本就经济方面来讲，指的是高校在培育学生的过程中所花费的成本，其中既包括物质劳动，也包括人力劳动，其直接表现是政府及学生家庭在学生的学习过程中所花费的资金。不过，并非全部花费于学校的资金全部属于教育成本。而是只有直接用来教育学生的资金、能够用货币计量的形式计算的资金，才属于教育成本。一般来说，教育成本可以分为三个部分。

（1）培养成本，指的是高校在培育学生的过程中所耗费的所有资金及资源。

（2）增量成本，指的是学生因为到高校就读而造成的生活费用的增加部分。

（3）机会成本，指的是学生由于在高校接受教育而延迟进入社会工作的时间所造成的机会成本。

3. 教育成本的特征

（1）教育成本补偿的间接性

企业在计算产品价值时，将其成本计为原材料、技术及人力成本的总和。当企业将产品成功销售到消费者或经销商手里之后，其获取的销售收入减去产品成本，剩余的资金即企业生产该产品所获得的利润。所以，物质产品的成本能够通过将其销往市场而得到补偿。而相比于物质产品，教育成本的补偿则因其自身的公共性要间接得多。学生接受教育给高校缴纳的学费只占高校教育成本的一部分，不足以补偿高校在培育学生方面的全部成本。教育成本的补偿并非实时发生，而是要在学生学有所成踏入社会之后，通过参加工作而进行补偿。所以，高校教育成本一方面不能以提高学费的方式得到补偿，另一方面也不能通过“出卖”毕业生的方式收回。因此，高校教育成本要政府通过拨款的形式得到一定的补偿。

（2）教育成本水平的限定性

在激烈的行业竞争中，企业为了取得竞争优势，会尽量将同类产品的成本压低。高等教育输往社会之中的“产品”是有独立思想与人格的“人才”，教育的目的是培养人，为人才输入专业的知识与技能，以及道德素养，这使得高等教育与企业生产之间出现了本质上的不同。

相比于企业生产商品一味追求经济利益的目的相比，高校在教育上还要追求教育最终能够实现的社会溢出效应。因此，教育成本具有一定的限定性，不是越低越好，而是有一定的区间限制，采取企业单纯追求产品成本降低的做法是不合适的。高校教育成本过高，意味着高校在开展教育的过程中可能有一些资金浪费的情况，不利于高校未来长远的发展；高校教育成本过低，意味着教育资金不足或紧张，可能会在一定程度上降低高校的教育质量，最终影响高校的口碑与形象。

（3）单位教育成本的递增性

企业在生产产品的过程中，伴随着生产技术的进步与管理水平的提高，单位产品的生产成本会逐渐降低。与之相反，高校教育成本会一直处于上升的趋势。造成上述问题的原因是多方面的，但主要是受资金来源、人才培养质量要求、现代科技运用等因素影响。与企业追求单位产品成本最小化不同，高校在开展教育的过程中不能单纯地把降低成本当成最终追求。与之相反，适当增加教育成本才能保证教学质量与教育水平的不断提升。

（4）教育成本效益的长期性和成本补偿的间接性

十年树木，百年树人，这反映了高校资金投入与耗费不能立见功效的特点。教育周期的长期性决定了教育成本时间的不配合性，即教育投资效益的迟效性和长效性。学生毕业踏入社会工作之后，才能发挥出高校教育的最终效益，而这一过程也需要经历很长一段时间。一般学生工作 10～15 年之后，才能充分发挥出在高校所接受的教育的效能。

与教育相比，企业生产物质产品的成本，在相对较短的时间内就可以实现效益。根据相关统计结果，教育经济学家得出，教育成本回收时间相对较长，并且补偿具有间接性，然而相比于企业产品，教育投资却能获得较大的效益，以及最终取得加倍的补偿，并且教育投资所产生的效益具有持续而稳定的特征。

（5）教育成本性质的特殊性

由于高等教育资源共享程度高，投入具有综合性，因此需要的直接费用较少，却需要较多的间接费用。企业生产物质产品时，其成本基本是可以直接计算的。

而高校教育成本则不同，教育活动协作性强，各项教育资源的共享度高。由于共同性费用多，使高校教育成本的核算复杂化，分配方法的选择、分配标准的确定都会影响成本核算的准确性。

（6）教育成本确认的困难性

教育成本确认的困难性主要表现在两个方面：一是高校教育成本范围的界定未能统一，高校教育成本中究竟哪些费用支出应该包含在费用成本中，哪些支出不应包含在成本费用中，学术界没有达成共识；二是一些计入高校教育成本的费用支出金额存在不确定性。在高校教育成本构成中，大多数项目都可以有确切的数额，但是某些项目的费用却很难确定。比如，高校的科研有两种功能，一种是为了培养学生而开展的必要研究，另一种是为了研究社会中的应用问题而开展的科研，它的费用支出与培养学生的关系不大。在教育费用中科研费用所占比重的问题上，要针对工作实践中遇到的一些特殊问题进行研究。

4. 支出、费用与成本的区别

（1）办学支出和办学费用

一般情况下，高校在培养人才的过程中，为了获得另外的资产或者为了还清补偿债务造成耗费资产，才产生的资金流出，这就是在我国高校财务中的办学支出。在一个特定的会计期间内，学校的经营费用分为现金费用和非现金费用两种。从长远来看，学校的一切开支都是以现金开支来支付的。在高校财政中，教育经费的涵盖面仍然大于教育经费的涵盖面。只有那些在学校教育教学活动中为培养高素质人才而发生的各种支出，才是费用。而其他原因发生的支出，如偿还借款、支付应付账款、为购买固定资产而支付的款项等，都与培养人才无关，都不能构成学校的办学费用，并不是所有的办学支出在一发生时就是办学费用，但是办学支出或早或迟最终都转化为办学费用。

一般来说，根据高校的经济性质，高校的办学成本通常可以分成两类，一类是培养成本，另一类是不应计入培养成本和科研成本的支出。在这些成本中，前者可以被分成两类，一类是直接成本，另一类是管理成本；后者可分为管理费用、财务费用和营业费用（即组成期间费用），按照经济内容可分为劳动对象方面的费用、劳动手段方面的费用和生活劳动方面的费用。

（2）办学费用和办学成本

办学成本是指对象化的费用。例如，高校教育成本，指的是高校为培养人才而耗费的资金，是根据人才培养层次等成本计算对象，对当期发生的费用进行归集而形成的。办学费用指的是高校所耗费的资金，计算结果和特定的会计期间有关系，而无关乎高校培养的学生层次。所以，高校财务工作中的办学成本是一种有着特定目的才发生支出的费用，这和一般意义上的成本含义是相同的。

综上可知，在我国高校财政中，办学费用的内涵要远远大于办学成本。从实践上看，两者并不完全等同，而是可以互相转换的。在办学支出、办学费用和办学成本三个方面，只有费用是唯一一个与收入相应的会计要素或会计报表要素；只有办学成本能被当作一种计量费用的手段，而办学支出、办学费用则不能。

从确认的角度来看，学校的费用的确认比较简单，通常，学校的费用是有流出的或者发生的，就可以确认为一项费用。学校经营成本的本质是资产的消耗，但并非全部资产的消耗都属于学校经营成本。在高校财务中，对教育成本进行核算的过程，就是将一段时间内的办学成本从目标对象转移到特定人才身上的过程。学校在一段时间内所产生的各种费用，就是学校的成本。在高校财务管理中，办学成本的定义比较广泛，它的确定要根据它的具体定义来进行，对于一项成本，总有一个具体的界定或确定，比如固定成本、沉没成本、机会成本等，现代成本管理还引进了作业成本等。

（二）高校教育成本的核算和计量

1. 高校教育成本的核算

（1）高校教育成本核算的含义

通过一定的技术手段和方法，对高校教育活动开展过程中，造成的各种费用及成本进行汇总核算，并利用这个来确定人才培养过程中对人才对象的劳动价值的耗费，这个总和就是高校教育成本核算。高校教育成本核算主要有两个基本环节：一是根据规定的成本开支范围，汇总各项费用，计算出为培养学生而支付的实际发生额。二是按照成本目标确定的原则，选择合适的方法，确定高校教育的总体费用和学生的平均费用。

高校教育本身是一项产业运作，因此必然要进行成本核算，这是高校在政府及市场双重作用下不可避免的一环。因为高校自身的产业经济属性，为了实现更好的运营与管理，高校应该在教育活动开展过程中引入经营管理理念，效仿企业经营过程，深入地分析市场、投入产出、成本核算与补偿等，以此来推动高校不断地提升管理效益。高校作为以人才培养为中心的事业单位，与企业生产产品的过程存在一定的差异，然而两者的共同之处在于同样存在投入和产出，需要消耗大量资源。因而，在市场经济条件下进行高校教育成本核算，对微观办学和宏观教育管理都具有十分重要的意义。

（2）高校教育成本核算的基础

高校教育成本核算的基础是指通过会计核算方法来计算成本所采用的记账基础。会计核算基础具体有四种，即完全的应收制、修正的应收制、完全的实收制和修正的实收制。从我国目前高校的实际情况来看，以修正的实收制为核算基础较适宜。

高校教育的根本目的并非营利，而是为社会培养并输送大量的高素质、专业技能较强的人才，其运作与管理过程中所需的资金离不开政府的补助与支持。要准确地掌握部门预算的实际去向，了解教育经费的使用明细，需要通过高校会计核算来得出结果。所以，高等学校当前采用的是会计核算收付实现制，在会计科目的设置上与政府预算收支科目保持一定的对应关系，与我国公共财政预算管理制度相适应，可以准确真实地反映出预算的使用情况，便于高校领导与相关监督人员查看。要进行教育成本核算，就必须按权责发生制原则，设置成本费用归集分配的会计科目，进行教育费用的归集与分配。

将现行的完全的收付实现制改为以收付实现制为主，同时结合权责发生制，进行会计核算和教育成本核算，能够满足以下几个要求。一是在会计核算中能够反映国家预算教育经费支出，二是能够满足国家教育经费统计的需要，三是要能够在现有的会计核算体系中展开成本核算，同时还能满足高校内部管理和外部使用者两方面的需求。

（3）高校教育成本核算的基本原则

教育成本核算指的是运用一定的技术手段和方法，对教育运行过程中各种费用的发生和成本的形成进行核算，对在人才培养过程中消耗于一定人才对象的劳动价值总和进行计算。高校教育成本核算指的是根据高校的教育成本，利用一定的技术手段与方法，计算出在学生培养过程中所产生的各项消耗与实支成本，从而为有关部门与社会提供准确可靠的成本信息。高校的会计工作同其它单位的会计工作一样，必须以会计基础为前提进行操作。

在我国颁布的《企业会计准则》《事业单位会计准则》中，对会计主体、持续经营、会计分期和记账本位币等都作出了明确的规定，并把这些都作为我国会计核算的基本前提。会计主体对会计核算的空间范围进行规范，会计分期对会计核算的时间界限进行规范，持续经营和货币计量对会计核算的方法和手段进行规范。这四个基本条件对教育成本的计算也起着重要的约定限制作用。

高校教育成本核算的基本原则是在以上会计前提之下所要遵循的基本会计准则。要保证高校教育成本核算的质量，除了要遵守一般的成本核算原则之外，还要遵守权责发生制原则、划分收益性支出和资本性支出原则、划分日常支出和专项支出原则、成本和收益配比原则、分类核算原则、历史成本原则、成本相关性原则、成本效益与可操作性原则。

①权责发生制原则

教育成本是与教育支出对应的一个概念。教育成本是以权责发生制为核算基础，教育支出则是以收付实现制为核算基础。作为学校会计核算的一个构成部分，教育成本核算是受到学校所处的社会经济环境的限制，并须遵守会计核算的共同要求。

传统上我国高校实行收付实现制会计准则，因而无法产生真正意义上的教育成本。在我国目前的高校会计制度中，采用的是现金收付制的核算原则，因此记录下来的各项费用，大多都是实际发生的现金支出费用，并且支出并不等于成本。因为现金支付与权责发生制是不一样的。教育支出和教育成本之间存在着许多需要调整的项目，如教育活动中的设备购置费、修缮费、借款利息费等未包括在事业支出，但属于教育成本的项目，如累计折旧、无形资产摊销、预提费用与待摊费用、长期待摊费用、资产减值准备金等。由于高校也是企业，在培养过程中，其资金的投入与人才的培养过程存在着一定的脱节，因而很难精确地反映出高校的实际收支状况。一般来说，投资在先，培养在后，比如教学仪器设备、图书、房屋建筑物等，在某一段时间里，都是一次性的投资，但这些投资能够培养出许多学生。所以，投资的一次性费用应该按一定的比例，将其分成几个阶段，计入当期和以后各期的教育成本之中。因此，想要正确核算教育费用，就要改变责权发生制的基础。

2004 年 8 月《民间非营利组织会计制度》的颁布与实施，标志着民营学校在 2005 年执行新的会计制度。

权责发生制原则指的是，对会计主体收入和费用成本的确认，都以权利已经形成和责任义务已经发生为标准，也就是收入和费用不是以是否在该期间内实际收到或付出为标志，而是以取得收款的权利和形成付款的责任来确定的。即，在本年度内，凡已发生或应承担之费用，不论是否已支付，均应视为本年度之教育开支；任何非本年度的教育费用，不能视为本年度的教育费用，即便该费用在本年度已经支付。在高校财务实践中，财务事务的发生时期与货币支付的时间不一定是完全一致的，为了能够更客观、公正地反映出特定时间的成本信息，高校教育成本核算时应采用权责发生制。

在学校使用权责发生制原则对教育成本进行核算的时候，对于与学生培养相关的直接费用支出，应该将其全部计入培养成本中。但是，对于固定资产的支出，由于受益期不仅包括本期，还包括以后各期。因此，它应该按受益期进行分期负担，不能将其全部纳入本期成本中，本期只能负担通过计算应由本期负担的固定资产折旧部分。

权责发生制实现了本期收入和成本的配比，有利于考察管理效果。权责发生制也避免了收付实现制所导致的资产不实问题，例如，在学校的筹资活动中，所产生的利息，只有在支付时，才会成为一种支出，而在未支付时，就会成为一种隐形债务，这使得各个会计期间的教育成本之间，无法进行比较，与此同时，还会导致资金运动的虚假平衡。因此，高校在进行费用核算时，应当根据高校采用现金支付方式所提供的基本资料，并根据权责发生制的原则，进行资本费用的调整，从而使费用得到合理的费用信息。

②划分收益性支出与资本性支出原则

资本性支出是在一年以上的所有费用中，需要按年分期偿还的，例如固定资产投资所产生的费用；收益性支出是指仅为获取当期收入而产生的一种开支，应当在一年内计入成本和费用。划分收益性支出和资本性支出的原则，指的是在会计核算中，应该对收益性支出和资本性支出进行合理的划分。它的重要意义是，要对哪些支出应该计入当期费用，哪些不能计入当期费用进行准确的识别，这对于合理地确定当期应该分摊的成本有很大帮助。

只要是和本会计年度相关的支出效益，都应当视为收益性支出，并统计到这一会计年度的费用成本当中；如果是和几个会计年度相关的支出收益，就应该当作资本性支出，而且还需要在几个会计年度内平均分摊这些产生的效益，并将其分别计入该年度的费用。资本费用所带来的利益是多个会计期，而收入费用所带来的利益是有限的。

一般而言，教师的薪金、行政开支等属于收入性开支；而大型设备的购置，房屋设施的建设，图书资料的购置，则属于资本性开支。如果没有对资本性支出和收益性支出进行区分，就会造成教育成本的大幅波动。比如，在我国，现在的高校把设备购置费用当作当期费用，对房屋设备不进行折旧处理，对资金贷款也视为发生期间的费用，这就会使得某一时期的教育成本有可能偏大或者偏小。因此，在对教育成本进行会计核算时，应按照区分利益性支出与资本性支出的原则，对其进行会计核算。

③划分日常支出与专项支出原则

专项经费是学校为特殊目的而取得的经费。专项基金与国外高校会计中所使用的“基金”相似，但都具有特定的用途，单独编制预算，单独编制经费决算，并具有一定的执行时限。

专项支出款项遵循统一规划、分类指导、单独核算、专款专用、结余留用原则，如985专项、211专项等。日常开支是指高等学校用于培养学生、科学研究和相关服务机构正常运转的基本支出。高等学校教育成本核算主要是日常支出，表现为工资、办公经费等费用。专款专用支出原则的实行可以有效地保证国家宏观调控政策的实施，防止资源浪费、挪用，提高资源使用效率。当然在专项资金支出过程，要贯彻执行收支两条线规定，确保运行规范有序。

④成本与收益配比原则

成本与收益配比原则，即在未来一个会计期间，费用与收入应该匹配，它包含了三个方面的内容。一是因果匹配，也就是收益与其相应的费用匹配；二是时间匹配性，也就是某一时段内的利润与该时段内的费用之间的比例；三是对象配比，即成本在各个收益对象之间的配比。根据收益与成本之间的关系，配比方式有直接配比、间接配比和期间配比三种。

所有与各种收益直接相关的费用和支出，例如材料费和人工费，均可作为直接配比的项目进行核算；对于不与收益直接相关但按照某种标准分配的管理费用，被界定为收益类别的成本；而对于在会计期间内发生的管理费用，应当采取“期内匹配”的方法，将其直接列为期间费用，并将其计入当期的费用中。教育费用的计算原则，主要体现在受教育者与受教育者之间的比例上，即不同专业的学生所承受的教育费用比例上。教育费用分摊应当贯彻“谁受益，谁承担”的原则。会计配比原则和应计制原则是互补的，也就是以应计制为会计基础的企业，其支出和有关的收益应该是相应的。按比例分摊的原则，会产生一些会计事项，如预付费用等。

⑤分类核算原则

因为在高等学校中，有哲学、经济学、法学、教育学、文学、历史学、理学、工学、农学、医学、艺术学等大学科门类，而每一个学科类别又可以分为博士生、硕士生、本科生、专科生等不同层次。因此，高等学校向不同学科类别、不同层次的学生提供的教育服务是不一样的，因此所产生的教育成本也不一样。所以，要对教育成本进行精确的计算，高校应该将不同学科类别、不同专业及不同层次的学生作为不同的教育服务对象。分别建立教育成本明细账，对高校在一定期间内提供教育服务所消耗的全部教育资源价值进行归集和分配，对每一名学生在一定期间内接受教育服务而产生的教育成本进行计算。与此同时，对于不同科类的高校，也要采用相同的教育成本核算方法，将高校在提供教育的过程中所消耗的资源进行分类，进而计算出可供对比的高校教育成本，实现一个统一口径，实现横向对比的目的。

⑥历史成本原则

历史成本是指学校的各项财产物资应当按取得的实际成本进行计价，即应根据取得各项财产物资时的价值为基础，采用一定的方法计入教育成本中。由于在价格变化的时候，不能真实地反映出资产的现值，所以有一些限制。因此，历史成本原则能够确保这些成本的真实性和可比性，并且相对容易获得。根据这一原则，学校不得对自己的资产进行调整。运用“历史成本”原理，虽然可以实现各阶段的教育费用信息的可比性，但是从经济学的观点出发，“历史成本”原理并不能真实地反映出资产的真实价值。

⑦成本相关性原则

相关性原则是指费用资料的有用性与时效性。所谓有用性，就是要为企业的经营管理、预测与决策提供有用的资料。时效性强调信息获取的时间性，信息反馈得及时，可以让我们有针对性地制定对策，提高工作效率。

高校成本核算划分相关原则的首要目标，就是要对与教育成本核算相关的费用进行区别，只要是与学生培养相关的费用，都属于教育成本核算的范围，而与学生培养不相关的费用则不属于教育成本核算的范围。鉴于目前高校的经济活动十分复杂，因此，准确界定与教育费用相关和不相关的支出，对正确核算教育费用有着十分重要的作用。

⑧成本效益与可操作性原则

成本核算的效益原则具有两层含义，从高等教育本身来说，高等教育不但要重视经济效益，而且要重视社会效益。高等教育成本控制和核算绝不是消极的制约和监督，而是要对高校办学行为进行积极指导和协调。一方面，高等学校要尽可能地减少各种不必要的消耗；另一方面，高校要在保障质量的前提下，积极进行价值工程分析，挖掘高校潜力，减少投入成本，寻求高校经济效益和社会效益双提高。

从高校教育成本核算工作本身来说，成本效益原则是指高校设计的核算方法要尽量简洁实用，尽量减少教育管理成本，只有当收益超过成本时，企业才能作出正确的抉择，与企业经营的基本目标保持一致。高校要获得教育成本资料，必须要付出一定的代价，若所获资料的价值低于所需的费用，则所建立的教育成本核算系统就失去了意义。

可操作性原则，就是在建立“可操作”的过程中，不能只注重“最优”，更要注重“可操作”。如果所建立的高校教育成本核算体系在实际操作中没有可操作性，或者是操作过程较为繁琐、难度较大、不容易实施，则所建立的高校教育成本核算体系就没有实用价值。例如，无形资产的分摊涉及教育成本的核算，但是它并不能将所有的费用都包含在其中，因此，为了使教育成本得到合理的分配，就必须采用一种可操作性的方法来确定。

（4）高校教育成本核算的基本内容

高校的资金支出不能全部归入教育成本。教育费用的核算与普通费用的核算或学校的日常支出有很大区别。高校的教育经费支出并非全部用于教育培养，例如，不承担教育教学任务的离退休人员的工资及其他费用，在原则上应该计入教育成本。

①确定教育成本核算对象

确定教育成本核算对象就是反映归集费用的对象。教育资源耗费的受益者应当就是成本归属的对象。

②确定教育成本核算期限

费用计算的时间长度应该和“产品”的制造时间吻合。因为学校的主要“产品”，也就是人才的培训周期，其培训费用的计算时间应当以培训时间为准。由于人才培训的时间往往很长，把它当作培训费用的唯一计算时间，也不利于对培训费用的及时控制。在此基础上，考虑到高校学期和学年活动具有很强的规律性，将学期和学年作为成本计算的时间节点更为适宜。

③确定教育成本开支范围

教育成本的计算，实质上就是对教育成本进行集中、分摊的过程。要想将各项成本进行适当地集中和分配，就必须按照权责发生制，以及“谁受益谁乘担”的原则，对成本的归属阶段进行准确的划分，并让在该阶段内的每个受惠者都能合理地承担成本。只要是当期已经支付过的，成本已经负担过的费用，就不再合计到本期成本中；在不同的成本主体中，费用管理应该按照“成本收益”的原则进行，按照是否存在及收益的多少进行分配。根据“谁受益谁承担”的算法进行划分，收益多少就分担多少。具体来说，要划分以下几种费用界限。

第一，明确各项支出的边界，明确成本和支出的范围；学校在进行教育成本核算时，必须从教育成本的内涵出发，明确学校所发生的各种支出是不是属于教育成本，是不是应当计入教育成本。

第二，确定了收入性开支与资金性开支的成本边界；在学校的各项支出中，收入性支出是指学校在教育活动中所产生的诸如人事、公共开支等经常项目的支出；资本开支一般是指长期资产，如固定资产，无形资产。

第三，确定可计入或不可计入的费用范围。高等学校的各种费用支出，主要包括教学、科研、基础建设等。高校各项投资中，仅有一部分是为培养人才而耗费的，这部分是教育成本。

第四，确定权责发生者，并确定不能计算在该年度的教育费用范围。根据应计制原则，在不同时期确认成本。只有运用权责发生制，才可以对经费发生的受益期进行严格的划分，并根据谁“受益谁负担”的原则对费用进行分摊，从而对高校的人才培养成本进行科学的计算。

第五，在不同的成本目标中确定成本的边界。要准确地计算不同专业和不同年级的学生的教育成本，就需要根据其收益性，在不同的成本对象中对其进行合理的分配。

④登记教育成本费用明细账

每一种教育成本目标的成本金额的计算，都要经过对费用成本进行详细的分类核算。为此，要按照具体的费用项目，为每一费用计量对象开立相关的费用明细分类账户；应该以各种费用凭证为依据，使用正确的会计科目和记账方法，将发生的各种费用准确地记录在各费用成本明细分类账户上，真实、全面地反映出高校教育成本的耗费情况，以此来计算出各成本对象的成本数额。

2．高校教育成本的计量

高等教育成本计量是提高经费办学效益的客观需要，也是不同成本核算对象公平分担成本的内在要求。通过高等教育成本的计量，可以为确定学费及财政补助标准提供主要的参考依据或方法。

（1）高等教育成本计量的特点

①成本构成项目的模糊性

学术界现今还没有对教育经费支出中的成本范畴进行统一确定的项目列表。

②成本计算数额的模糊性

因计量方法的不同或分配标准的不确定性，使得某些支出项目较难准确计算出应计入成本的金额。如高校科研具有服务教学和服务社会的双重功能，其中计入教学成本的金额需具体分析。

③成本标准的模糊性

因为没有制定出专门的人才培养标准，所以对培养大学生所需投入的软硬件设备也没有统一的规定，对培养大学生的费用标准和费用限额也没有清晰的界定。

④共同费用分摊的模糊性

高校教育活动具有高度的协同性，教育资源的高度共享，且在支出中存在着大量的公共成本，这使得高校教育成本的计算比一般的工业企业要复杂得多。如图书资料和体育设施等投入都是公共支出，其分配方式的科学性和合理性将直接影响到成本核算的正确性。

（2）高等教育成本计量的方法

①统计调查法

统计调查法是指从已有的高校财政和抽样调查中得到的信息，并对其进行适当的处理，从而得到高教成本数据。在当前的教育费用研究中，通常采用这种方法来获取教育费用数据。

②会计调整法

尽管到目前为止还没有对教育成本进行核算，但每一所高校都有对教育资金收入和支出的会计记录。在此基础上，对已有的核算方法进行适当的修改，就可以实现将教育资金的支出转化为教育费用的核算。此方法与统计调查法在某种程度上是类似的。如果统计调查以会计记录为基础，并且在对统计调查数据进行调整时，根据会计的成本计量原则，那么这两种方法得出的结果基本上是一样的。所以，既不需要对教育成本进行会计核算，也不需要对教育成本做系统和精确的计算，就可以使用这种方法。

③会计核算方法

教育成本核算就是通过建立和登记会计制度，对教育资源的消耗进行记录，从而实现对教育成本的核算。学校教育费用的核算是学校教育费用核算的基础，也是学校教育费用核算的基础。所以，要想对教育费用进行系统而准确的计量，就必须运用这一方法。

（3）我国高校教育成本计量的现状分析

①会计基础不同导致成本计量口径及方法不一致

首先，为了区分资本性开支和利益性开支，不能一次性计入一年的费用，而是要用某种折旧、摊销的方式来计算。其次，按照“收付实现制”，离退休基金是作为员工工资的一种形式，但是，在核算教育费用时，由于离退休基金与培训过程没有直接关系，因此，对于在职人员，其尚未缴纳的相关五险一金，则应当纳入培训费用中。

②经费支出的不同分类增加了成本计量的难度

资金支出只考虑了支出的目的，而没有考虑支出的方向，这就影响了成本计量对象的集中与分布。高校的研究活动实质上就是一种人才培养活动。通常情况下，教师的科研经费是教育成本中的一种直接支出，科学研究可以提升教师的技术水平，丰富并更新教学方法和内容，学生参加科研的过程就是一个进行科研培训和进行创造性教育的过程。所以，这些都是教育费用中不可或缺的一部分。然而，在高校学生培养费用中，如何合理分配，将给高校学生培养费用的核算带来困难。

③不同层次、不同专业的学生人数折算标准不一

在当前的计算方法中，因为投入不能按照成本对象进行核算和归集，也就是不能将专科生、本科生、研究生的培养成本分离开来，所以在计算生均成本时，分母以折合标准本科生人数为基础。这种换算方法是否具有科学性，若无科学性，是否还有其他更好的选择，这些都是需要进一步证实和研究的课题。

为解决以上问题，目前国内尚无现成的教育费用计算数据，实践中多采用已有的教育费用统计数据或利用有关数据进行计算。运用教育经费统计数据及有关统计数据来估算教育费用是切实可行的，但是，它只是一种估计的费用，并不能

完全精确。从对教育成本数据的质量要求来看，它的作用主要是为各级政府制定学费标准和拨款依据，让学生和家长对教育成本有更多的了解，并为学校内部的成本控制提供更多的信息。

（三）高校教育成本的运行机制

高校教育成本核算的范围是一个交叉性的集合、一个多功能的整体和一个综合的系统。新财务制度下如何保障高等教育成本核算的有效运行，是一项复杂的系统工程。

1. 全面深入地实施新的高校财务制度

近几年来，各方面都在不断提高学校财务会计信息的准确性和透明性，特别是对与学费有关的生均培养费用的核算更是备受关注。在高校财务管理中，采用以权责发生制为基础的成本核算与绩效评价，可以更准确、更全面地反映出高校为其提供的教育服务所消耗的资源成本，更好地实现了投入与产出的匹配，从而更加准确、真实、客观地评价高校的财务状况与工作业绩。

（1）规定了费用的定义、计入方法及内容

成本是学校在进行教学、科研等活动时，对学校资产的消耗或损耗。明确“费用”的概念，是进行“费用”会计的前提。以应计制为依据，对各种开支进行分类，是进行成本核算的必要条件。高校的经费要区分为资金投入和收入投入。学校所产生的利益性开支，计入本年度的成本；资本开支应按资产损耗分批列示。学校资产折耗主要是指学校固定资产的折旧、无形资产的摊销。

（2）进一步明确了费用核算的方法和内容

成本核算过程实质上就是对成本目标进行汇总、分配的过程。成本核算就是把高校在各项业务活动中产生的各项消耗，按其核算对象对其进行分类，并计算出该期间的总费用和单位费用。费用按照不同的用途划分为教育费用、科研费用、退休费用、管理费用和其他费用。与此同时，将教学和科研的成本的具体构成分为人员成本、公用成本和资产折耗成本，将教学成本、教辅成本和学生事务成本都归为教育成本。教育费用，指的是高等学校在进行教学、教辅、学生事务及其他教育活动时，所产生的人员费用、公用费用和资产折耗费用。教育费是一种等同于培养人才的费用。

（3）其他间接费用的有关规定

①明确管理费用的组成

主要包括了高校行政管理部门发生的人员经费、公用经费和资产折耗等费用，以及由高校统一负担的工会经费、诉讼费、中介费、印花税、房产税和车船税等。将管理层支出及其它当期支出归入公司经营成本，有利于公司经营成本的管理和控制。

②将离退休费用独立出来

之所以将离退休费用单独划出，是因为高校作为一个人力资本集中的地区离退休人员的费用在成本中所占的比例很大，而且需要得到保障，若将其纳入管理费用中，必然会扩大管理费用的口径，从而影响对管理费用的真实、客观的反映。

2．逐步建立全面成本管理体系

高校要像抓教学质量那样，推行全面成本管理，并将专业管理与群众管理有机地结合起来，建立起一个人人都能抓成本管理的网络，让成本管理渗透到高校教育教学管理的每一个方面、每一个环节中，让大家都能关注成本、都能控制成本。

（1）成立专门机构，明确成本管理职责

高校财务部门应该建立一个财务成本管理科，或者是建立一个高校教育成本管理中心，对成本管理的职责进行明确，并定期将高校教育成本核算的信息反馈给学校，为高校在强化财务管理等方面提供正确的财务管理信息。在垂直层面，要建立起校、院、系三级会计制度，然后，以院为基本会计单元，对设备折旧、材料及低值易耗品摊销，以及成本费用进行全面核算与管理。

（2）制定切实可行的全面成本管理方法

从成本管理来看，除了成本观念淡薄之外，责任不清、措施不到位、管理不严格是造成成本高和效益低的重要原因。高校应该以此为切入点，构建出一套完备的成本管理保证体系，实现多层次的成本费用管理目标责任制，将成本费用目标层层分解、落实，构建出一个横向分解落实到学校内部有关部门、纵向落实到教研室及教师个人的管理网络，并将成本管理目标责任制与经济责任制联系在一起，贯彻责权利相结合的原则，将目标成本完成的好坏与经济效益联系在一起，对其进行奖优罚劣。

3.建立各级财务成本管理的工作机制

为了提高教育经费的使用效益，国家和各级教育相关部门、单位都想了许多办法，进行了多次讨论，并做了许多工作，诸如教育规模效益、合并效益、经费支出绩效评价等，但是至今高校教育成本工作运行机制还没有真正形成。

（1）高校主管部门明确成本核算职责，加强对高校的指导

如果不从成本的标准、成本的核算、成本的降低入手，就如同无本之木、无源之水。为此，本书提出了在学校管理机构中，构建学校教育成本核算的工作机制的设想。比如，可以将高校教育成本计算中心设在教育部财务部，各省（市）教育厅财务处明确专人负责高校教育成本核算工作；同时，指导高校开展成本管理；还可以通过实施高校教育成本核算试点工作，在试点的基础上将成功经验在全国高校内全面铺开，加快高校教育成本核算实践的发展步伐。

（2）增设高校教育成本核算考核指标

在高校办学水平评估指标体系中，提出了增加高校教育成本核算考核指标，增加指标权重的建议，旨在加强高校的成本意识，推动高校财务管理的科学化、规范化，并对高校教育资源进行合理配置，提升办学效果。这对于改进和强化高校的管理、节省经费、预防和减少高校的损失和浪费、增强高校的可持续发展能力具有积极的实践意义。

二、高校成本控制

高校成本管理就是高校为达到其自身目的而有意识地对其进行成本控制的活动与过程。其目标在于降低教育费用，提高教育资金使用效益，为培养出更多的人才和更好的人才提供资金保证。教育成本管理指的是在学校经济运作中，采取一系列的手段，如预测、计划、核算、控制、评估等，以最合理的人力、物资、资本配置和消耗，追求最大的社会效益和经济效益。费用控制是高校财务管理的重要内容。在进行费用控制的时候，应该把系统的控制作为一个突破口，把部门作为费用的责任中心，对费用的控制过程进行约束，并及时进行调整，以确保费用顺利完成。

（一）高校教育成本控制概述

1. 高校教育成本控制的含义

所谓的“控制”，通常指的是“掌控”和“约束”。在管理中，控制是指检查工作是否按既定的计划、标准和方法进行，发现偏差、分析原因，进行纠正，以确保组织目标的实现。在经济领域，控制指的是根据特定的条件和预定的目的，对一种流程或一系列的事件进行作用，从而实现预定的目的的一种有组织的行为。也可以说，一个系统通过对某些信息的传递、变换或处理，向另一个系统发送指示，从而对另一个系统的行为进行调控，使它能够平稳地沿着既定的轨道进行，最终实现预定的目的。

高校教育成本控制指的是，高校管理者利用预算等手段，对教育成本进行规划、调整，将其在现实中按期望的方式进行，以确保教学、科研和管理工作的正常开展，并保证学生的切身经济利益的一个过程。只有合理地控制好教育费用，才能让学校的经费发挥出最大的效用，才能保证学校经费的有序运行，才能起到事半功倍的效果。但是，如果不能有效地控制费用，不能有效地进行预算分析，不能有效地抑制支出，就会导致经费的滥用，从而导致经费的浪费，进而影响到高校的健康发展。

2. 高校教育成本控制的内容

高校的成本控制作为一项系统工程，主要由以下三个部分的内容组成。

（1）事前成本控制

事前成本控制也称“成本计划控制”，即科学地制订目标成本计划，力求对运行结果通过预算手段实行目标管理。费用规划的基础是费用预报，也就是以学校的经营目的、实际情况及相关的历史数据为依据，运用一种科学的方法来预估每一项费用，从而为制定费用规划奠定基础。成本规划的核心是对人力、财力、物力进行最优分配。

（2）事中成本控制

在成本管理中，重视教育活动中的成本控制并将成本管理落实到每一项活动中，目的是保证相关目标的实现，即要做好事中成本控制。常用的方法有以下几种。一是计划分解，也就是将成本控制的标准分解到各部门、岗位和各个阶段、环节，让部门领导和教职工都明确意义，并使成本管理与切身利益挂钩；二是事中分析，如日报、旬报及月报成本分析等；三是日常检查；四是日常信息沟通。

（3）事后成本控制

事后成本控制即通过成本会计核算对财务报表及其他渠道形成的信息，运用成本分析法，定期（一般是会计年度终了后）或定项（一般是项目验收交付后）进行综合分析、评价和考核，以总结经验、发现问题，并找出原因和提出控制措施。控制措施，主要是针对执行结果与计划的偏差提出的。根据偏差的大小和控制能力，对此，我们提出了两类不同的控制方法：一类是对预定目标的调整；另一类是通过对投入的标准、质量和数量进行适当的调整，以及对人、财、物、信息和系统结构等方面的调整，来提高系统的控制力，从而在最短的时间内达到目标成本的要求。

3. 高校教育成本控制的原则

（1）重人才培养质量

对高校实行成本控制，归根结底是为了将高校资金更加集中地用于人才的培养与教育方面。高等教育实施成本控制，不能舍本逐末，一味地追求成本的紧缩而降低人才教育的数量与质量。相反地，高校要适当控制行政成本及其他额外费用，以将资金更加集中地用于提升教育教学质量，提升向社会输送人才的整体素质。这样才能真正实现教育成本控制的目的，才能保证高等教育中教育质量的不断提升。

（2）全面成本管理

要培养高校师生的成本节约意识，减少教育活动开展过程中不必要的开支与浪费，提升教育成本使用效益。这项活动不是某个部门、某个人需要注意的事情，而是关系到高等教育各个部门与全体人员的事情，只有提高每一个环节的成本效益，最终才能实现教育成本整体效益的提升。为了达到上述目的，高校应设立分级归口管理，对每个项目的费用进行专门的管理，并根据不同的业务类别将其归口到相关的职能部门，构建一个教育费用管理系统，实行教育费用管理责任制，在上下两个层面上都要对费用进行严格的控制，以提高费用的使用效率。

（3）效益最优

高校的成本管理，应遵循社会与经济的统一原则。因为教育具有“准公共物品”的特性，许多人认为：高校所追求的效益应当仅限于社会效益，如果高校一味地追求经济效益，则会偏离高校的本质，还会导致学生在高校中享有的权利不平等，从而导致高校走向功利化。然而，实际上高校也需要经济效益，但这并不是要求高校要以盈利为目标，而是希望高校能够以既定的投入，发挥出最大的功能。

在现代市场经济的背景下，我国的高等教育已经进入到了大众化的发展时期，但由于政府对高校的投入力度不足，高校的资本运行也出现了严重的问题，一些高校甚至开始举债运营，这使得学校的财务风险进一步加大。如果高校还在原地踏步，那它的社会价值就只是一句空话。所以，对高教费用进行控制，必须以获得经济利益为出发点，以达到高校的社会利益最大化，从而达到高校的可持续发展。

（4）例外管理

例外管理是一种被西方企业广泛应用于经营控制的做法。高教费用控制要引进例外的管理方式，做到费用控制的细微处和重点突出，必须先解决“例外”问题，否则事无巨细，一板一眼，必然会导致管理的低效。

在高校经费管理中，“例外”项目有四种：一是经费支出与经费预算有较大差异的项目；二是一些暂时需要大笔开支的经费，比如购置一些教学设备；三是关系到学校质量的问题，比如师资的引进，新的学科建设等；四是对高校而言，具有较大的严重性的问题，比如怎样应对高校的高额费用，如何处置高校的高额贷款等。

（二）高校教育成本的考评及分析

1. 目标成本制度下的教育成本绩效考评

要想让教育资源的使用效率得到提升，用最少的投资获得最大的收益，高校应该根据自身的特点，借鉴企业中普遍采用的目标成本管理方法，制定出一套合理的成本控制体系。对企业进行经常性的成本业绩评价，是企业进行成本管理的一个重要方面，也是企业成本管理的一个重要环节。

（1）岗位成本目标的制定

实施高等教育成本控制责任制，关键在于各岗位成本目标的制订。作为成本控制的努力方向和衡量实际资源消耗水平的依据，成本目标的制订要遵循常态性。所谓常态性，既包括只考虑正常条件制定成本目标，也包括目标一经制定就应保持其相对的稳定性。制定高校的成本目标的一般程序如下。

①测算全年可安排的教育经费来源即可支配经费财力

高校各项能够实现的、稳定的收入数据加总，测算本年度的学校总收入，扣除用于学校基建投资和其他与教育活动无关的研究、服务活动的开支，算出下一年能够用于教育活动的经费总额。

②测算全年目标成本总额

首先，高校按照确定的招生规模，计算出学校在校生总额。其次，在不考虑专职科研人员、劳务人员的情况下，对教师与教师（不包括离退休人员）的薪酬进行了测算。最终，确定生均人事费开支。同样，也可以对生均公务费支出、生均业务费支出、生均修缮费支出、生均折耗费支出等项目进行测算。

其中，对生均公务费的测算还需按以下两个步骤处理：第一，依照往年的管理运行情况将生均公务费按某种比例细分为教学用生均公务费支出和管理用生均公务费支出。第二，在各项教学活动中，根据一定的比例，将管理费用生均公务费支出进行分摊，由教学活动分摊到的生均公务费支出即为生均管理成本。

按照成本项目构成将以上项目加总后，即可测算生均教育成本和全校教育总成本。这里的全校教育总成本，如果超出全年可安排的教育活动经费总额，就依上述各生均经费指标下调。通过这样的方法，可测算出下年全校教育活动的目标成本总额，即下一年全校教育活动的成本上限。

③层层分解全年目标成本总额

首先，由学校根据预算等文件将下一年全校教育活动的成本总目标分解到各职能部门；其次，再由职能部门根据年度任务分解到各学院和全部门；最后，由学院具体分解到具体岗位，各个岗位依据所涉及的学生人数，并结合特定的误差修正值来确定具体的成本目标数额。

如前所述，由于高校教育成本计量的特点，使得制订目标成本相对难度较大，因此，高校的总成本目标怎样被划分到每一个岗位，并且这个划分是否合理，都是我们要仔细研究的。在制订过程中，要注意以下两点。第一，在技术方法上只适合采用直接制定目标成本一种方法，而企业可采用直接制定和根据目标利润制定两种方法。第二，制定过程的专业性和群众性的有机结合。在参与的部门中，一般由财务部门牵头，教学、科研、人事等有关部门选派人员参与，而这些人员在业务上对教育成本比较熟悉。

（2）教育成本控制绩效的考核与评估

通过固定时间内对成本目标的实际完成情况进行测评和总结，并且能够使每个岗位做好成本控制，达到提高目标成本控制水平的目的，这就是成本考核。目标成本的考核必须与责任制结合起来，对成本考核的结果还应进行一定的分析、评估，以得出基本评价。一般认为，进行各岗位的绩效考核并不难，难的是经考核所得的绩效如何评价。究其原因，一是由于评估的目标仅仅是减少费用，二是由于评估的目标更多地是为了提高教学效果。成本的下降并不一定带来收益的增加。此外，由于高校教育成本控制的效果不像企业化的那样容易被人们所接受，这给高校教育成本的评估带来了一定的困难。高校的产出以其所提供的教育服务为主要内容，在产出指标中，除了少数的经济指标外，大部分都是教育指标，如果我们模仿企业的实践，对教育指标进行偏向化，势必会产生很大的偏差。

可考虑用模糊数学的方法来评估高校教育成本控制绩效，因为模糊数学能够处理这种同时包含定性指标和定量指标的评估数据，暂且把这种方法称为“模糊综合评估法”。模糊综合评估的基本思路是：首先，按照专业性和群众性的要求，成立专家组作为成本评价专门工作机构；其次，邀请专家小组就费用评价的各项指标及其权值进行评论，并在专家小组的协助下将该指标体系正式化；最后，邀请专家组对高校教育成本控制责任制的具体实施展开了认真的调查，结合指标体系进行了计算，并在此基础上对成本控制绩效进行了进一步的综合评价。在计算过程中，首先对指标体系中最低级的各项采用模糊综合评价法，再一步一步递增，直至最后对第一个指标采用模糊综合评价法，并得出其综合评价值。

2. 高校办学效益分析的原理与方法

（1）高校办学效益分析的基本原理

按照现代经济学理论的解释，高校的产生及功用是和外部性特征密切联系的。一方面，利用正向的外部性特征，以连带性、非排斥性功能，为社会提供高质量人才，满足社会共同偏好，促进社会经济发展；另一方面，可以帮助克服负向的外部性，平衡社会的不同偏好，克服市场失灵，实现社会公平与正义。同时，高校作为一种实现最优的资源配置的机构，其存在会减少人数众多时获取个人关于公共物品和外部性偏好的信息所需的交易成本和谈判成本。可以这么理解，高校的产生站在整个社会的角度是为了降低整个社会的教育总成本。高校在处理与社会的外部关系时，目的是减少社会成本。高校真正意义上的讲求成本，必然要理顺教育行为中直接成本与间接成本、业务成本与非业务成本、必要成本与连带成本之间的关系。如果使这些可操作性的机制形成制度性的规范，约束其行为，就可以在相当程度上减少浪费。

（2）高校办学效益分析的方法

办学效益指在保证办学目标方向的正确性，并在给社会带来有效成果的前提下，办学活动的产出与投入之间的比率，可用公式表达为：办学效益 = 办学产出 / 办学投入。其中，办学投入即办学成本，高校办学效益则可表达为高校办学效益 = 高校办学产出 / 高校办学成本。

（三）高校成本控制的方法

成本控制方法是实现成本的重要手段，是完成成本控制任务和达到成本控制目的采取的措施。不同的成本管理阶段，如果面临相同的或类似的问题，所采用的成本控制方法就有可能不一样；在同一个阶段，如果遇到不同的成本对象或出于不同的管理要求，成本控制方法也会不尽相同。因此，如何选择一种适宜的方法来强化成本控制，使得成本控制更具有全面性、及时性，进而满足成本信息使用者的需求，成为成本的重要目标。成本控制主要有以下几个步骤：第一，构建成本整体框架，设置科学合理的控制环节；第二，建立成本控制权责管理体系，确定行之有效的岗位制度；第三，完善成本控制专项监督机制，实现定向的目标，

（四）高校成本控制的要素

同企业成本控制一样，高校成本控制既是高等学校内部控制的内容之一，也是高等教育管理体系的有机组成部分。鉴于高等学校是一类具有特殊运行规律和管理需求的组织，因此，应当在构建其内部控制系统和设置内部控制要素时，既基于《企业内部控制基本规范》和《行政事业单位内部控制规范（试行）》的基本思路，又能够充分结合高等教育的特色，体现教育事业发展的规律和要求。

1. 控制环境

（1）成本控制系统的基本状况

成本控制系统是由高等学校内部的一些部门（或作业中心，以下简称作业中心）组成的，通过设定成本控制目标，并采取一系列控制方法和措施，对各部门发生的实际成本的目标的偏差进行调整，使得高校成本符合预期的管理系统。

（2）成本控制机制的建设状况

有效实施成本控制的前提是成本控制机制的建立。成本控制机制建设的关键在于：一是要建立不同作业中心之间的沟通协调和联动机制；二是要建立成本控制的决策、执行和监督的有效分离机制；三是要建立成本控制的决策机制、岗位责任制、内部监督机制。

（3）成本制度的完善程度

机制的建立健全离不开管理制度的制定与完善。

2. 事业活动和控制

（1）事业活动的成本预算和控制

事业活动的成本预算，是由每个作业中心单独的成本预算组成的，反映该作业中心为开展一定的事业活动所消耗的资源。

（2）事业活动的支出管理和控制

事业活动的支出管理，是把握事业活动成本是否按照批准的成本预算执行的关键。

3. 信息沟通和监控

信息沟通和监控是有效实施高校成本控制的有力手段，使得整个成本控制系统的信息能够及时传递和交换，适时提出增补、修改、调整、废止等管理建议。

（五）高校成本控制的基本规范

1. 高校成本控制基本规范的必要性

高校的定价能力并不取决于自身的规模和实力，而取决于该高校的成本管理水平。因此，要想提高高校的价格竞争力，唯一的办法就是标准化成本管理。

第一，唯有实施成本管理标准化、系统化的思维模式，才能确保高校在执行成本控制时，从全局上进行统一的思维，从而确保成本管理真正落实，而不是形式上的说说。成本管理规范化，不是追求单个岗位或单个环节的投入最小化，而是要确保在高校整体效益最大化的基础上，进行成本优化管理，对每个岗位、每个环节的投入进行最小化。高校作为一个有机体，其成本控制应该从大局出发，而不是只盯某一部分。只有实行标准化管理，才能防止小部分核算小部分，大部分出现大浪费现象。

第二，要对费用管理手段进行标准化，使之趋于稳定，防止出现“一呼百应”现象；好的成本控制思路和技术方法，一定要以制度规范的形式固化，形成一种事先达成的共同约定，对高校组织中的每个成员都有约束效果，才能确保自上而下地全面贯彻执行。很多高校的成本控制不好，一个很大的原因，就是因为他们做事没有规划，一段时间集中严格把控成本，过一段时间又会松懈，热度下降以后，习惯性浪费就会再次出现。

第三，实施有效的费用管理的关键在于建立费用管理的激励机制。如果这种费用成本控制激励机制，没有进行成本管理规范化，也没有相应的限制和激励细则，不能够形成一种稳定的、自主的动力，那么这项机制就不能够持续完善。

第四，要确保费用控制的成效持续改善，唯有将费用管理标准化，使之不断改善和完善的流程管理方式，确立为费用控制的基本准则，才能确保行之有效的费用控制方式能够在高校的组织运作中得到及时的运用。

第五，为了确保成本管理体系能够真正落实到位，就需要所有人都能接受并积极创新地执行这些体系。只有管理规范化，才能确保每个员工从心底里对这些制度和标准产生认同，从而让成本管理从外部的制约变为内部的制约。

2. 高校成本控制基本规范的特点与作用

教育成本控制基本准则是教育成本控制管理行为的根本标准，它对教育成本控制管理人员和教育成本信息处理起到了约束、评价和指导作用。

（1）高校成本控制基本规范的特点

虽然高校成本控制具有企业财务成本管理的部分共性，但是一般认为，高等教育成本管理基本规范的特殊性源于教育具有特定的经济效益及社会效益。地方高校成本控制基本规范也就不可能完全按照企业财务成本管理模式去制定和运行。更确切地说，高校成本控制基本规范的特点更多地体现在教育产品的特殊性。

（2）高校成本控制基本规范的作用

实现教育成本信息生产的标准化与解决教育成本信息失真问题是确立教育成本管理基本规范的主要作用和重要意义。成本控制基本规范是高校实施成本核算、成本评价的依据。对高校成本执行结果的评价，要求在全社会范围内对成本管理质量的要求上进行。

3. 高校成本控制基本规范的建议

（1）更新成本观念

及时更新成本观念具体体现在成本效益观念和成本动因观念。

（2）引入作业成本法

产品消耗作业，作业消耗资源是作业成本法的核心所在。作业成本法的特点有两个，一是把作业当成核算的中心与焦点，从作业深层进行成本核算；二是在配置制造费用时，应采用按因分配，也就是根据导致制造费用产生的各种因素的差异来配置制造费用，使得计算结果与实际之间的误差更小。

（3）建立成本管理体系

成本管理的完整体系的基本规范是由一系列的成本管理行为标准组成的。首先，从法制层面上讲，和成本管理有关的法律、教育法规都是在成本管理体系之内的。其次，从理论规范的角度上讲，成本管理的目标、原则，成本管理的构成要素，成本核算的前提条件，以及成本信息处理的程序、方法等都是被算在成本管理体系之内的。最后，在技术层面上，成本管理系统包含了成本会计实践处理的要求与准则、方法与程序、成本管理的职业道德准则等。

（六）高校成本控制的现状

1. 成本控制意识淡薄

地方高校的管理者大多受传统体制的影响，认为高校只存在社会效益问题，不存在经济效益问题，所以，他们对学校的办学成本进行了粗放型的管理，对成本进行测量的目标仅仅是为了让国家在统计和投资时能够有一些参考，但是他们并不清楚如何科学合理地使用它，如何将有限的办学成本有效地运用到保障教学并能最大程度地提升人才培养质量上。尽管我国每年都在加大对大部分高校的投入，或者在部分高校投入了大量的资金，但是，这些高校的人才培养质量并不理想，最后造成了许多高校的经济和社会发展都不理想。造成这种现象的原因之一就是由于某些高校的管理人员在管理上存在着较低的成本控制意识。

2. 尚未建立系统的成本控制理念

当前，大部分地方高校对学校成本管理的观念仍处于摸索之中。人们普遍认为，高校的成本控制不应该简单地照搬企业的成本控制思想，只注重降低成本。高校的成本低并不一定代表着人才培养的质量得到了提升，在一些情况下，这二者之间存在着矛盾，比如，增加了班级容量，加大了师生比，由报酬较低的讲师来取代有经验的教授来讲授一些课程，尽管可以起到立竿见影的效果，但是，这无疑是在以质量为代价的基础上来达到的。

3. 未充分发挥财务等职能部门的成本控制职能

目前，我国高校财务部门的大部分员工都只是从事财务收支、报账等简单的工作，并没有把自己的工作延伸到成本控制的方面，因此，不能很好地适应现代高校对财务管理的需要，不能很好地发挥自己的作用。与此同时，我国高校财务部门的人员结构存在着不合理的问题，其专业知识理论已经跟不上时代发展的步伐，不能将新的成本控制的理念和方法运用到具体的工作中去，更不能从成本合理化的角度出发，为高校的发展规划提供切实可行、行之有效的建议。因此，我国高校的成本管理的功能还需要进一步强化，我国高校的财务管理人员的素质也需要进一步提升。

（七）高校成本控制的措施

1. 转变管理观念

高校的管理者要改变在计划经济时期形成的“等、靠、要”的思维方式，建立起和社会主义市场经济相适应的成本管理理念，从心理心态上进行高校成本管理的调整。

（1）树立经营的观念

运营理念是成本管理理念的一个重要内容，其核心是要树立“成本—效益”的观念，使高校能够以较少的投入获得较大的收益。无论是高校的基本建设，维持正常运行，还是科技成果转让，以及与企业的合作，都要与市场经济的发展相适应，在实现学校培养人才的根本任务的同时，以经营企业的思维来管理学校。

（2）树立竞争意识

在当今社会，高校与高校的竞争已经演变为办学水平、人才培养水平和社会服务水平的竞争。只有利用有限的财力、物力和人力，为社会提供优质的教学和科研服务，才能提升自己的竞争能力，才能吸引更多更好的学生到学校来学习。

2. 健全组织机构

高校应从改变教师的思想观念入手，建立健全成本核算、成本控制和成本管理的组织体系。

（1）明确学校成本控制机构

通常是在已经建立的学校财政财务领导小组的基础上，确定经费管理责任，并由校长担任组长。委员会成员包括财务方面的专家、系主任及各主要部门负责人，他们的职责是指导学校的费用控制和费用管理，审查学校的年度预算及决算，并监督其执行。

（2）明确财务处成本核算的职能

增加相关的成本会计科目，并对相关的会计处理及成本报告进行准备。在当前高校尚未完全实行成本核算的条件下，对同一项费用，可以先按现有的会计制度做账，然后根据成本控制的需要，进行相关的成本核算。

（3）赋予审计处成本费用审计的职能

高校内部的审计处也要与时俱进，跟上教育成本被纳入学校管理的脚步，在成本管理中充分发挥自身的重要作用。审计的主要内容可分为教育成本审计和专项经费审计两部分。审计的重点应该以审查成本费用的合规性、合理性和有效性为主。通过内部审计，为学校提出控制教育成本的建议或措施。

3. 发挥高校经营与成本控制的协同效应

为达到优化资源和提高成本控制水平的目的，应充分发挥高校经营与成本控制的协同效应。设立大型贵重、精密仪器设备管理部门，实现各部门的有偿共享，这样可避免校内不同院系、部门之间的重复投入，改善设备使用情况。积极探索和尝试构建校际、校企、校所设备和电子图书等资源的共享平台。在现有教师队伍中，鼓励教师到不同学院间授课，使现有教师队伍发挥最大潜能。比如，利用教研室或实验室的资源优势，建立一个具有教学、科研和经济功能的综合性实体平台，不仅可以避免资产闲置，还可以发挥教师的积极性，还可以加速科技创新和科技成果的产业化。与此同时，通过整合平台的开发，及时传达相关的市场信息，对人才的培养方式进行创新，对专业的设置与课程体系进行适时的调整与完善，使教师的专业实习能力得到有效的提高，并凸显专业实习的特点，从而形成一个良性的循环。运用综合平台进行发展，可以有效地解决校外实训场所受到的生产及经费限制大、轮岗机会少的问题，并根据学生的专业特征和自己的特长，对多种技能、多种岗位的实训进行安排，将实践教学的计划和要求真正地贯彻下去。

第三章　高校财务管理的创新背景

本章为高校财务管理的创新背景，从新会计准则对高校财务管理的影响、互联网背景下高校财务管理的发展，以及教育产业化背景下高校财务管理的创新，三个方面进行详细阐述。

第一节　新会计准则对高校财务管理的影响

一、新会计准则对高校的意义

（一）公共财政管理体制改革的需要

近年来，我国的公共金融管理体制发生了一系列的重大变化，财务会计制度体系也在不断地改进，并逐渐地达到了与国际会计接轨的程度。“一部一册”是公共财务体制的基本要求，高校总预算中既要有基建项目的收支预算，又要有财务上独立核算的后勤保障预算；在学校实行财政集中支付以后，学校要建立与之相适应的会计科目，并增加了许多超出原有学校会计体系的新业务；在政府采购制度下，相应的采购款并不是拨给高校，而是根据预算和采购情况，直接拨付给供应商。所以，相应业务的会计核算也发生了变化。在预算编制和预算编制方面，对高校预算外收入进行了调整；强化对国有资产的管理，对固定资产的分类、价值标准进行了调整，使其能够真实、完整的反映出资产的使用情况；对资产进行了合理的分配、高效的使用，避免了资产的流失。因此，为适应我国高校财务管理改革的要求，应建立一套新的财务核算体系，对高校财务核算工作进行有效的指导。

（二）规范高校会计核算的需要

随着我国高等教育制度的进一步发展，高校所处的内外环境都在发生着深刻的变化。如何更好地管理、使用教育经费，保证教育经费被规范、安全、高效地使用，是目前及未来高等学校财务工作中需要解决的问题。为了确保学校的财务状况能够全面、准确地反映出学校的总体财务状况，需要进一步加强和规范学校的会计核算工作。高校的会计核算应包含固定资产折旧、各项资产减值、各项收支的逐月核算和成本核算等内容。高校预算编制工作的重点是规范的会计核算，要按照相关规定实行最终结算，才能确保预算编制的顺利进行；规范的会计核算能够确保各类财政拨款资金能够正确、安全地使用，还能够对资金的结转和结余进行完善，能够对结转结余资金进行统筹使用。根据有关核算对象和核算方法，归集、分配和计算业务活动中产生的各种费用，以达到细化成本核算和强化成本核算的目的。

二、新会计制度对高校财务管理的直接影响

（一）高校财务管理工作的重心从“核算型”转向“决策型”

与原有的会计体系比较，新的会计体系在 9 个方面进行了变革与创新，使高校的财务、预算、资产、成本等管理需求得到了满足，并对高校财务管理工作提出了更高的要求。

在高等教育持续发展的过程中，高等教育资金的来源渠道已经扩大到了财政拨款、收费收入、产业收入、社会捐赠、科研收入、贷款收入、利息收入等多种类型，高校自身筹集资金的能力也在不断提高，对资金运用的效果和效率也越来越重视。在这样的情况下，高校的财务管理工作重心要从以日常事务管理和会计核算为主要功能的传统思想转变，从核算型、事务型向管理型转变，将财务工作的重心转向对学校的各项经济业务进行事前预测规划、事中监督控制、事后考核评转移价，为学校的决策提供服务。

（二）强化高校的受托资产管理责任

新的会计准则增加了关于国库集中支付、政府收支分类、部门预算、国有资产管理的内容，禁止对固定资产的折旧“虚提”，对无形资产的摊销，更多地关注政府对高校的管理作用和对高校的决策权力的管理，对高校的结转余额及结余的分配，都进行了全面的规范，从而使高校的社会和经济效益得到更大的提升。所以，在新会计制度中新增的会计核算内容，突出了高校需要对受托管理的这部分资源展开科学的会计核算和反映，以此来作为主管部门对高校实施内部控制机制和使用受托教育资源的效益、效率、效果等进行客观、科学的评价的基础。

（三）强化高校的预算管理

在新会计制度中，对高校事业支出科目的设置进行了细化，将原会计制度下“教育事业支出”科目核算的内容细分为“教育事业支出”“行政管理支出”“后勤保障支出”“离退休支出”。新会计制度中，可以通过不同层次的方式，对高校各类支出的结构和信息进行清晰的反映，从而可以更清楚地对高校事业支出情况进行核算，满足高校预算管理的需要，为高校内部成本费用管理、提高经费使用效益提供数据支撑。与此同时，新会计制度对收入支出表的结构进行了调整，增加了财政补助收入支出表，使之不仅可以反映高校收入总额和支出总额信息，还可以反映各种不同来源资金的收支和结转结余情况，以及高校预算计划和目标的完成和管理情况。

（四）强化高校的财务风险管理

20 世纪末、21 世纪初，随着国家对高等教育的大力发展，各高校面临着前所未有的发展机会，许多高校都在积极地开展自己的办学活动，以求更好地发展和提升自己的综合实力。尽管，财政部门对高校的拨款每年都在增加，但是，因为财政收入水平并没有达到 GDP 的法定标准，高校的财政拨款和学费收入仅仅能够维持日常开支，所以，高校一般都会利用银行贷款来进行基建，甚至是教学仪器设备的购置。高校利用银行贷款是要还本付息的，在专项经费专款专用和其他收入来源不能大幅增长的情况下，高校要想偿债，就必须要压缩教学支出，这在一定程度上加大了学校的财务风险。

在新的会计制度中，对高校的基建投资业务进行了明确的规定，高校要对其资产负债信息进行强化，并以统一的方式将高校内部独立核算的会计信息纳入到高校年度财务报表中。这提高了高校会计信息的完整性和可比性，对高校的债务总额和债务构成进行了详细的说明，同时还要求高校要强化对其资产管理与财务风险的防范，加大对债务的监控管理力度。

（五）强化高校成本核算与控制

新的会计制度对学校财务收支进行了进一步的规范，对学校财务收支进行了分类核算，并提出了收支相匹配的要求，加强了费用的核算和控制；为了更好地体现资产的价值，创造性地引进了固定资产的“虚提”折旧，并采用了无形资产的摊销方法。对高校的成本费用管理，对高校资产的使用效果，对高校经费的使用效果和效率，以及对高校的预算执行情况进行评价，都有一定的参考价值。

（六）强化高校财务管理的决策分析功能

新会计制度系统对高等学校的财务报告体系进行了改进，将其主要内容分为四个大类：“资产负债表”“收支表”“财政补贴收支表”“附注”，并明确了“附注”所应披露的最小范围。目前，随着高等教育的内涵式发展，高校正在推进管理机制创新，并加强内部风险防范，这对高校的财务管理工作提出了一个客观的要求，那就是要具备分析处理复杂性、综合性和精细化问题的能力。新的会计制度对高校的财务报表体系和结构进行了优化，为高校的财务管理工作提供了成本效益分析、现金流量分析的依据，为高校的财务预测功能、财务规划功能、风险防范功能、决策分析功能的建立和完善奠定了坚实的基础。

三、新会计制度环境下高校财务管理的创新

高校财务管理是一所高校内部管理的重要内容，它的工作进展的顺利与否直接关系到高校的生存与发展。在实行新的会计核算体系的基础上，高校要进行财务观念的更新，以达到社会与经济效益的双赢，使高校实现自身的内涵发展。

（一）树立大局观

在高校的财务管理中，要将预算、核算、决策分析与评价、国家的高等教育发展目标、学校的总体战略目标有机地结合起来，走一条内涵丰富、可持续的发展之路，对高校的教育资源进行有效的配置。

一是要意识到，高校的建设必须服从于整个国家的高校建设，必须立足于整个高校的发展，要有大局观，要有能力，要有财力，要有物力，要做好高校的资金调配与供应工作，要把资金的利用效率最大化。

二是财务部在为全校教研建设提供金融服务时，应把自己的工作目标同全校的总体战略、全校的长远战略和全校的近期战略有机地结合起来，为全校的发展提供真正的服务。在安排教育资金的时候，要明确优先次序，既要保证重点建设，又要兼顾一般事业的完成。任何一项工作，都是一所学校的重要组成部分。

三是财务部门采用新的会计制度，对财务进行精细的管理，使财务资料能够及时、准确、完整，为上级机关和校方提供依据，帮助学校保持与发展之间的关系，并作出相关的决定。

（二）树立成本效益观

在新的历史条件下，高校与高校的竞争日益激烈。为了提升高校的整体办学能力，高校在财务管理方面要有成本效益的观念，根据教育部、财政部的成本管理办法，强化教育成本的核算，以绩效为中心，把办学成本与效益（社会效益和经济效益）联系起来，努力以最小的投入，培养出更多更好的高等教育人才。要分析当前高等教育环境、社会经济环境对高校财务管理的影响与需求，探讨并构建一套与高等教育工作规律相适应、与新的会计制度相适应的财务管理体系与运作机制。

现在，每一所高校的办学形式都越来越多样化，筹资渠道也越来越多元化，因此，高校的财务管理也要跟上时代的步伐，一方面要对国家的财经法规和相关的经济政策进行宣传，让高校的教学科研工作走上正确的轨道，另一方面，要帮助教学科研管理部门树立起成本效益的理念，把绩效评价作为指导，采用新的会计制度，对成本费用进行核算，对生均培养成本、人力资源成本及人才培养成本进行计算，并找出降低办学成本的最优方法，让高校能够用最小的投资获得最大的经济效益和社会效益，从而提升高校的办学效益。

（三）树立风险控制观

在高校自主办学的进程中，学生的资源越来越多地受到市场及高校的整体实力的制约。在高校办学模式多样化，融资渠道多样化的情况下，高校资本投资与高校发展所需资本之间存在着很大的矛盾。合理地利用负债，可以在某种程度上缓解学校的资金短缺问题，使财务杠杆的作用最大限度地发挥出来。但是，在利用负债来补充教育经费短缺的情况下，高校要建立起一种风险的概念，财务管理人员要有一种防范风险的意识，对高校资金进行合理的安排，对贷款项目展开可行性分析，并将还款渠道和还款计划落实到位。在执行新的会计制度时，要对各种债务进行分类核算和管理，加强对高校财务风险的分析，制定出一套科学、行之有效的财务风险控制机制，并构建出一套财务风险预警体系，从而推动高校健康、稳定、规范地发展。

（四）树立决策分析观

高校财务管理工作要构建能够反映高校预算管理、资产管理、财务风险管理、支出结构、财务发展能力等方面的评价指标体系，对其进行定期的分析和评价，以便主管部门和管理层能够对高校的财务状况和发展趋势有一个准确的把握、对高校的财务风险进行预测，并将其结果运用到下一步的管理工作中。通过对这些数据进行科学的分析、评价，以及对这些数据进行再运用，推动高校充分挖掘自身潜力，强化预算管理，努力开源节流，推动高校预算的顺利完成，提升高校资金的利用效率，促使高校严格遵守国家财经法律和财务制度，持续改善其内部管理。

（五）探索财务业务一体化观

随着新的会计核算体系的建立，财务信息化水平的不断提高，为财务业务的整合提供了条件。利用信息化建设，将财务、预算、资产、成本有机地结合起来，将财务业务过程融入高校的其它管理活动之中，将财务管控融入高校的日常业务中，从而改变高校的业务处理方式和管理模式。把财务工作和学校的业务工作联系起来，一方面，可以让高校的有关财务战略和财务管理制度在业务部门得到贯彻执行，另一方面，还可以将高校各个业务部门在办理业务过程中出现的问题及时反馈出来。利用新会计制度及现代信息技术，来实现财务共享服务模式，从而能够更好地促进管理创新，调动学校各个业务部门参与财务工作、关心学校建设和发展的热情，促进各个业务部门和教职工为学校聚财、用财、生财提供建议，从而提高学校财务管理的整体水平。

（六）重构财务管理工作组织体系

高校要想办出自己的特色，增强自己的国际竞争力，就必须实现自身的内涵发展，同时要不断提高自己的战略经营能力。构建现代高校制度，健全高校治理结构，才是实现高等教育内涵发展的关键。而健全的财务管理制度是一种有效的财务制度。在此基础上提出了一种新的会计核算方法，要兼顾财务、预算、资产、成本等多个方面的需求。

在实行新会计制度的情况下，要建立一套能够为高等教育的内涵式发展提供服务的财务管理体制，让它能够对高等教育的资源进行合理的分配，并对其进行高效的使用，从而为高校的战略管理提供了一种更好的服务，这样才能够更好地推动高等教育的内涵式发展。系统地构建以高等教育战略发展为导向的高校财务管理体制，构建出一套针对高等教育经费管理的绩效评价指标体系，对高等教育资源的分配进行了优化，这对强化高校各项财务工作的监督和管理起到了积极的作用，保证了高等教育资源的保值增值，从而提升了高等教育资源的使用效率、高校的战略管理能力、高校的办学效益和办学质量，推动了高校事业的健康发展。

（七）加强内控机制建设

健全的内部管理体系是企业有效运作的根本保障。在新会计制度实施的基础上建立起来的高校财务管理工作体系，必须有一套将高校战略管理、预算管理、资产管理、风险管理有机地结合起来的内部管理体系作为保证，使战略与规划、规划与预算、预算与配置、配置与管理、管理与风险控制、管理与绩效评价之间形成有效的互动，从而强化学校的内部控制体系，重新梳理并规范学校预算管理、收支管理、政府采购管理、资产管理、建设项目管理、合同管理等各种业务流程，从而达到教育资源配置最优化、教育经费使用效率最高的目的。

总而言之，高校的财务管理工作不应该仅限于单纯地提供数据，应该把新会计制度的实施作为一个机会，并与新会计制度的核算需求相适应，在适当的时候转变高校财务管理的观念，不断地推动内部控制规范建设，建立一个能够为高校战略规划服务、与现代高校建设相一致、有利于推动实现学校内涵式发展的财务管理工作体制。

第二节　互联网背景下高校财务管理的发展

一、互联网背景下高校财务管理的信息化

（一）高校财务管理信息化存在的问题

1. 数据集成度较低

在现如今的网络时代，高校的管理与先进的信息技术有了更为紧密的结合，例如财务核算、收费、资产管理等系统被相继研发出来。并且，这些系统之间是相互独立的。但在这样的背景之下，也给会计核算带来了很多不良的影响，尤其是数据信息的利用方面，出现了很多不良情况，例如数据重复进行采集、开放等。这导致了很多数据资源的浪费，极大影响了信息利用率的提高。

2. 账务数据更新不及时

各个高校财务部门的主要款项的来源之一，便是学费。从近些年来看，各大高校的校园规模呈现扩大趋势，招生人数也在逐步提高。并且，地域的跨度也在加大，收费的方式也更趋于多元化。基于这种收费模式，信息没有具备实时性的特征，因此很难从根本上使得高校收费管理的需要得到满足。绝大多数的高校进行收费的管理是通过财务系统，但是也有一些高校，其收费系统暂时没有和银行对接。因此，这就导致了不能够及时地更新财务数据，不能够实时更新学费缴纳状态。在信息传输方面，存在一定的时间差——当账户金额产生变化后，财务数

据未能快速操作处理。

从高校的角度来看，财务信息系统的存在至关重要。财务管理系统的存在是独立于其他部门的，特别是在不同部门的管理信息系统中出现了重复存储数据的状况。这就造成了信息管理成本的不断增加。除此之外，一些高校的共享数据库现在还没有建设完成。如果会计核算系统想要从业务部门处提取信息，是非常困难的。这样对于高效且稳妥地处理会计信息也是非常不利的。

3. 财务人员信息素质不高

从现阶段来看，高校管理工作逐渐与信息技术相结合。高校财务部门对于技术层面的依赖相对较强。高校是一个复杂的结合体，有很多领域需要使用到网络技术，例如财务报销、行政办公等。在这些工作中，如果有了网络技术的帮助，则可以产生事半功倍的效果。然而，观察财务信息化的现状我们能够了解到，在一部分财务人员看来，未来的财务信息建设还没有那么重要。因此，这就造成了对于财务信息建设的投入相对较少。造成了资金、资源、技术等因素对财务管理方面有一定制约，使得财务管理很难发挥出其真正的优势和作用。与此同时，因为领导的重视程度没有那么强，财务工作人员的信息素养也因此遭受了影响。一部分财务从业者的采集、分析、应用能力相对较弱，造成了很多数据资源没有得到充分利用，从而导致财务管理呈现落后的发展状况。

（二）高校财务管理信息化的发展

1. 规范数据采集标准，降低财务风险

“高校财务管理的发展，最引人瞩目的是财务管理的信息化。”① 财务信息化建设离不开数据资源的支持，有效地数据采集才可提高财务信息化水平，如若缺乏统一的标准，便会导致财务信息混乱，不同系统无法打破相互孤立的状态，更难以实现信息共享目标，从而抑制财务信息化的发展步伐。对此，在互联网背景下，高校应制定统一的数据采集标准。具体措施为：一方面，利用财务管理系统，明确财务信息采集标准，如高校不同收费平台的信息共享等等；另一方面，健全不同收费平台沟通体系，因财务管理系统包括多个部门，不但负责收费，还与后

① 张远康．新时期高校财务管理问题研究[M]. 天津：天津科学技术出版社，2019.

勤、行政等部门关系紧密，通过创建良好的交流体系，可将相关部门连接起来，打破系统运行壁垒，促进资源交流共享。

此外，通过规范数据采集标准，还可使财务管理系统得到有效防护，避免和降低财务风险发生。在网络时代下，财务系统性能日益完善，受到的安全威胁随之增加，尤其是在财务数据方面，更应加强防护，保障系统数据安全。对此，高校先要安装杀毒软件，对财务软件定期杀毒，还要避免与外网连接，以免非法分子乘虚而入；还要定期更新维护现有硬件设备，避免因硬件设备故障导致财务数据丢失；还可引入大数据技术，对海量财务数据进行筛选，准确选出有价值的信息，将格式不规范、内容不全、失真等数据剔除，由此减轻财务管理难度，促进管理效果提升。

2. 创建财务共享系统，注重与银行机构合作

根据财务信息化现状可知，财务数据更新较为缓慢，高校与银行机构的联系较少，给学费管理、薪资发放等方面带来了非常多的不便。对于这种情况，学校领导应当积极地进行观念上的转变，有效促进相关部门之间的沟通、整合。通过建设财务共享系统、加强与银行互联融合等方式方法，对于当前的财务管理情况进行有效改善。以下是一些具体措施。

（1）丰富财务管理业务

高校的财务工作包括很多内容，例如学费缴纳、工资发放、和银行对接资金周转等。目前，高校的财务管理出现停滞不前的情况。这主要源于各个财务管理系统之间没有形成合力，各自为政。对于这种情况，应当创建财务共享系统，丰富财务管理的业务。并且，使得相关部门和财务管理能够进行良好的沟通与联系，加快各个部门之间的信息交流，从而使得各项数据信息能够得到完善。以学生自助查询与缴费系统为例。新学期伊始，学生都需要对一些费用（学费、住宿费等）进行缴纳。为了方便自助缴费，各大高校可在自己的官网上开通自助查询与缴费系统。学生只需要用手机或电脑，输入自己的学号等基础个人信息，就能够查询到自己的缴费情况。同时，还可以对于未缴学费进行处理。这样一来，可以节省相当一部分缴费的精力与时间成本。再比如，网络预约报账系统也是如此。伴随着高校的不断进步与发展，不同类别的经费款项开始逐步增多。待报销的业务量

非常大，如采购费、差旅费等。特别是在年底进行集中报账的时期，在这一时间段内，报销的人非常多，需要排很长时间的队才可以办理完成。而通过使用网上预约报账系统，则方便快捷许多。网上预约报账不需要到现场去排队，经由报账人将金额、类别、发票、报销单等信息上传到网络即可。这种操作步骤，给财务工作人员、教职工等带来了极大的便利。

（2）开展与银行互联服务

从根本上来说，目前各大高校所采用的收费模式，还没有使广大师生的财务收付需要得到满足。特别是当支付手段更新以后，使得现金收费转向网上支付，同时间、空间的限制也被打破。对于这种情形，各个高校应当关注与银行的合作联系。银行的网上支付、结算技术等已经相对成熟，高校可以与银行系统进行整合，利用银行相对成熟的网络支付与结算技术，为其带来更为高效、快捷的服务。这一举措不仅拥有相对较强的时效性，可以使用资金支付指令进行数据的传输，运用较为成熟的银行电子支付技术，在较短的时间里实现信息的传输，从而更加有效地完成多项任务。同时，也具备高效性，凭借网络渠道用转账的方式对教职工的薪资进行支付，这样便精简了业务程序，从而切实提高了财务服务的效率。除此之外，还有相对较强的安全性，原因是无需动用现金，在和银行进行对接的时候是采用支付和结算系统来加密数据，这样一来使得数据的传输更为便利，付款业务也可以更为安全地开展，从而有效降低了财务风险。

（3）引入大数据技术

在“互联网 +”的时代背景下，将大数据和云计算作为核心，能够为财务信息化的建设提供很大便利；能够对资源的共享起到极大促进作用。首先，各大高校内外之间的联系被极大地拉近了，在与不同信息应用者需求相符合的同时，帮助决策部门、业务部门对相应的信息进行采集；其次，在报销阶段是没有中断，能够让报账的步骤、手续更为精简，更好地将报销软件和个人网银整合起来；最后，引入大数据技术能够促进高校会计核算和其他部门进行信息共享，使财务业务种类更趋于多元，同时，也为学科建设、实验室等提供更加准确、真实的数据支撑。

3.注重财务信息化建设，提高人员管理技能

时代不断向前发展告诉我们，各大高校的管理人员应当顺应时代的潮流，积极地转变自身的思想。高校管理人员应深刻认识到财务信息化建设所具有的重要作用，同时在资金与技术等方面提供相应的支持。在现实生活中，切实做到上行下效。在高校领导的重视下，使员工能够明确自己的岗位职责，从而促使财务管理信息化水平能够得到明显提高。另外，财务从业者的个人素质对于财务管理的工作效率起着直接的影响。各大高校应该定期组织培训教育的相关活动，来促进财务工作者增加知识储备、提高专业技能等，从而使其能够满足新时代的人才标准。以高校的电子支付为例，在如今的互联网环境中，便捷高效的电子付款方式已经被人们广泛使用。尤其是在高校里，学生这一群体受科学技术影响较大，像学费、宿舍费等费用，通常是通过线上支付的方式来进行缴纳。同样，财务管理者也应当学习新的支付、收款方式，使自身的信息素养与管理技能得到不断提升。另外，也要学习更多法律方面的相关知识，能够准确识别违法乱纪行为，提高自身的财务素养。这样，才能跟上时代的步伐。

在教育事业高速发展的背景下，更多的高校开始扩大其校园规模，高校自身的资金流动开始逐步增加，这在一定程度上给财务管理工作增加了一些困难。为了解决这一现状问题，各大高校应当紧跟“互联网＋”的时代潮流。通过规范数据采集标准、创建财务共享系统、注重与银行机构合作、提高人员管理技能等方式，解决数据集成、账务更新与人员素质等方面存在的问题，从而有效地促进了各个高校更加长远且稳定的发展。

二、互联网背景下高校财务管理的发展策略

（一）信息化环境下高校财务管理发展策略

建设信息化的财务管理平台。在科技时代的背景下，信息的传播速度越来越快。倘若高校想要对财务管理进行有效创新，就需要能够掌握最新资料，立于市场前沿。对于动态管理的实现，数字信息化平台的建设，则是至关重要的。通过运用网络技术，创建好财务管理平台，对于高校财务的全部预算情况及各个院系

关于预算的执行情况，能够进行实时的掌握。

进行信息化平台的搭建，可以保证校一级的财务机构更好地完成财务绩效的监督工作。如对于财务收支状况的把握，对于各项资金的落实，使各个高校的资金来源、资金流动等方面的顺畅无阻有了保证，从而能够提升财务运转工作的效率。为了信息平台可以利用得更好，首先，各大高校需要整合那些多样繁杂的第一手信息，将整合好的各项信息进行分析研究、整理加工；第二，筛选及核对初始信息，使得信息的准确性拥有保证；第三，研究判断已经核实过的数据，能够提出一些合理的建议、意见等；第四，领导根据得出的意见和建议作出决定，对财务计划进行相应的调整，从而为各大高校的未来发展提供坚实而有力的技术基础。

在各大高校进行财务管理的这一过程中，财务计划决策的及时性与准确性受到信息及时反馈的直接影响。信息及时反馈在高校的发展过程中具有相当重要的导向作用。高校如果想要对财务管理模式进行创新，那就需要对信息化建设给予必要的重视。高校应当强化对于动态信息的管理，使自身的分辨能力得到有效提升，使反馈结果具有更强的准确性、及时性。这样一来，才能够更好地为高校的财务建设、高校教育建设进行服务。

（二）网络经济环境下高校财务管理发展策略

1. 高校财务管理内容

第一，各大高校的管理者想要完成好关于财务收支两条线的管理，就需要运用方便快捷的网络。高校的财务管理系统应当录入好其每一年的各项经费收入，从而可以依据自身的财务状况以及未来的发展目标做好资金的各项预算。第二，要借助财务信息系统管理国家划拨的专项科研资金，确保资金能够落到实处，使学校的科研水平得到提高。第三，我们处于网络经济的环境中，传统方式的会计单一货币计量将被打破，支付方式逐渐朝着电子信用卡、电子支票、电子现金的方式转变。

2. 高校财务工作方式

各大高校所开展的财务管理工作方式创新的出发点，应当是自身的现实依据。

从具体的方面来看，网络经济环境使原先固定化的办公场所逐渐向网络化的虚拟办公场所转变，这样一来，网络办公、移动办公等就成为现实。这些虚拟办公场所的实践应用，既促使教师的日常工作更加便利，也在很大程度上使高校财务工作的透明性得到了提升。另外，高校的财务工作人员不再受到时间、空间的局限，即使不在办公室也能够使办公正常进行。高校的财务工作者可以对于各个下属单位资金使用、管理的相关情况进行实时掌握。能够对下属单位及外联单位的财务往来实施在线监控，将对款项余额的实时监督转换为了现实。各个高校通过运用互联网技术，在很大程度上提升了自身的工作效率，节约了时间成本。例如各种报表的处理速度逐步加快，多方业务的往来日益增多等。从而使高校财务工作方式的创新这一目的得以实现。

3. 高校财务管理软件

现如今，在网络经济的背景下，很多地方都在进行改革与创新，如高校财务的管理模式、管理内容、工作方式等。这就给高校财务管理提出了要求：应当使对外的联络工作尽量强化，应当积极对高校财务管理软件进行创新。只有这样，才能够使自身经营、管理的需要得到更好的满足。网络，是财务管理软件进行创新的重要依托。各大高校如果想要真正做到网络办公的完善，就必须实现从局域网到互联网的转变。在网络环境中，各大高校的财务管理软件应当拥有较为完善的网上办公和移动办公的功能，使财务管理的模块化运作得以强化，使其不再受到时间、空间的局限，从而尽可能地加强高校财务的安全性，确保高校教学科研活动与财务资源配置的同步协调，从而使资源能够得到合理配置。

（三）一卡通环境下高校财务管理发展策略

1. 引进先进的科学技术设备

引进较为先进的科学技术设备，可以妥善处理财务人员在日常工作中巨大计算量的工作内容，同时，也是使财务信息化管理的效率得到有效提升的重要手段。

首先，各大高校应分析其自身的财务工作的现实情况。通过引进先进的财务信息管理设备和财务信息管理办法，为校园一卡通应用后的财务信息计算和财务管理工作提供可靠的设备和技术保障，切实让财务管理的工作水平得到提升。

其次，各大高校还应当引进拥有较高专业水平和具备丰富工作经验的财务管理人员，通过财务管理人员个人业务素质的提升，来促进财务管理效率的全方位提升，从而有效地促进高校的未来发展。

2. 规范财务管理人员行为

规范财会管理人员行为、提高财务工作人员专业素养是解决校园一卡通为校园财务管理带来的相关问题的主要措施。财务管理人员是各大高校大量资金的接收者和计算者，其自身的各项工作行为不单与高校财务部门的自身建设有关，对于整个高校的发展也具有重要的影响。

从一方面来看，各大高校应当与自身财务工作的实际情况相结合，完善现有的高校财务管理办法，同时通过制定符合其发展方向的财务管理制度对财务人员的工作行为进行约束，从提升财务工作人员个人能力的角度来减少校园一卡通对于高校财务管理工作所产生的不良影响。从另外一方面来看，各大高校对于财务工作人员的监管力度应当加大，以防财务工作人员从内部出现监守自盗的情况，从规范财务管理秩序的角度，使高校财务管理的效率得到提升。

3. 保持财务工作的连续性

保持好财务工作的连续性，能够有效地处理好校园一卡通所带来的财务管理工作的间断性问题。值得我们注意的是，财务工作连续性的保持并非是要求财务管理人员的工作状态要一直维持着高度紧张，而是通过制订或借鉴科学的财务管理手段和信息化的财务管理办法，使财务管理人员可以管理和实时监督学生校园一卡通内的资金使用状况。从而使财务人员的工作压力得到有效减轻，以此来使财务管理效率得到提升，同时也使财务管理水平得到提升。

首先，各大高校应当分析研究其内部校园一卡通的运用情况及一定时段内一卡通资金的流动情况。同时，开展与其他学校的合作交流，通过与自身实际的工作情况相结合，借鉴其他高校引入校园一卡通后的相关财务管理办法，提高自身的财务管理水平和财务管理人员的工作能力。

其次，各大高校需要以先进的技术设备为依托、以高素养的财务管理人员为主体、以良好的财务管理环境为基础，全面开展高校财务管理工作，通过实现高校内各种资源的优化整合，加强财务部门的建设，从而使财务管理的水平得到有效提升。

4. 加强校园财务管理安全

在一定程度上，校园一卡通的管理工作依靠着互联网技术提供的支持。而其具体的实践应用，则无法脱离电子信息管理系统的支撑。在高校财务管理系统中存在着相应的网络安全风险，因此，关于高校财务管理安全相关工作的加强，势在必行。从一方面来看，各大高校应当重视对于财务信息的管理，应该将财务信息安全管理工作提升到高校战略发展的高度上，自上而下地形成一卡通安全风险防范意识。从另一方面来说，各大高校如果想要在根本上做到有效提高自身财务管理系统的安全性，就应当使财务管理工作人员、学生群体等对相关的财务风险防范知识进行掌握，切实加强财务安全的培训工作。

第三节　教育产业化背景下高校财务管理的创新

一、教育产业化的定义

何谓产业？产业原本指的是社会物质生产部门与行业。两大部类的产业分类法由马克思创立，即生产资料部门和消费资料部门。伴随着经济的进步与发展，非物质生产部门开始出现并且逐渐壮大，于是，“第三产业”的定义诞生了。三大产业分类法对产业概念进行扩展以后，国际上就开始将教育视为第三产业的组成部分之一。如表 3-1 所示，对不同教育产业化观点下政府、学校和社会的作用进行了对比。

表 3-3-1　不同教育产业化观点下政府、学校和社会的作用对比[①]

基本观点	教育属性	政府作用	学校作用	社会作用
教育根本不是一种产业，而是消费性的社会公益事业	纯公共产品（或垄断性公共产品），体现社会公平，不能进入市场交易	政府财政举办教育事业，依靠国家机制配置资源	基本靠政府拨款，没有自筹经费的法定权责	交税不交费，适当捐赠，参与监督

① 陈健美．我国高校财务管理的改革与创新研究[M]. 沈阳：沈阳出版社，2019.

续表

基本观点	教育属性	政府作用	学校作用	社会作用
教育具有一定的产业属性	准公共产品（或竞争性公共产品）既体现社会公平，也适当引入某些市场竞争机制	由财政举办或直接资助教育事业	公办学校靠政府拨款或资助，具有自筹经费的有限权，允许私立学校存在	交税，分担部分经费，鼓励捐赠，对教育有较多选择余地，参与监督
教育的有些部分不可以产业化，有些部分可以产业化	兼有准公共产品和私人产品的性质，其中一部分进入市场交易	区分义务教育和非义务教育、本国（地区）和外国（地区）等学生，采取不同财政资助或政策	公立、私立学校并存，靠政府部分资助，具有自筹经费的更多权责，有竞争机制	税外分担较多经费，鼓励捐赠，对教育有较多选择余地，参与监督
教育就是一种产业，完全可以产业化	私人产品，完全通过市场交易	政府财政不直接拨款，取消义务教育制度（发放教育凭券）。靠市场机制配置资源	无所谓公立私立学校，完全自筹经费，并靠办学质量获取教育凭券等值的财政资助	税外更大程度地分担经费和参与监督，鼓励捐赠，对教育有更多选择余地

二、教育产业化背景下高校财务管理的创新发展

在教育产业化的背景下，各大高校财务管理问题的产生原因涉及多个方面。其中，不仅有政治缘由，也有经济缘由；有历史缘由，也有现实缘由；有观念层面的缘故，也有管理机制与体制的成因；有管理工作人员责任感的端由，也有管理人员素质方面的原因。上述的这些原因，有的是由客观环境决定的，有的则可通过主观努力处理解决的。因此，我们在思考和解决这些问题的时候，理应本着有效性的原则进行。各个高校应当将关注点先放在目前可以解决的问题上。同时，也要为现在还不能解决的问题做好相应的准备。

如果想要完成这两方面的工作，需要做到如下要求。

第一，应当随着时代的变化、任务的变化以及自身的工作性质而不断调整管理观念；第二，循序渐进地建立相适应的管理体制与模式；第三，建立同时完善自身管理工作的评价体系，以便能够及时对自己有清晰的认识，使工作有所改进；

第四，是要进一步地将高校财务管理方面的制度体系进行完善，尽早使管理工作人员的各项工作内容可以在法治层面得到规范。

目前，高等教育的产业化，正在逐步推进的过程中。因此，对于现在的财务管理提出了更高层面的要求。针对各大高校目前在财务管理中存在的一些问题，以及对于教育产业化问题的研究和探索，应当充分地认识到教育产业化更深层次的特点，辩证接受市场经济条件下和新时代的各种新观念，为未来的教育发展目标及财务管理新思路的形成奠定基础。以下的内容是在教育产业化的背景下，列举了高校的四种做法。

（一）理财观念与科技知识的有机结合

在我们现在生活的时代，对于社会发展进步起到决定性作用的重要因素是科学技术。而能够推动社会不断进步发展的重要力量，则是科技知识。一个国家科学技术进步的快慢，和国内高校建设的好坏有着紧密的联系，其中包含高校对于人才的培养、专利成果的研发等。因此，在未来，对于校内科技知识的有效监控，将会成为高校理财的核心。

（二）理财观念与各类信息资源相结合

科技时代，也可以称为信息技术时代。西方国家将信息化逐渐应用到全球，我国也逐渐开始受到影响，借鉴西方成功经验，将信息化与国内经济发展相结合，并取得了一定成果。高校财务管理的工作人员应当能够充分利用好各种信息资源，将这些信息资源与正确的理财观念有效结合，争取为高校的建设作出更大贡献。其中，要尤其注意各类网络资源。

（三）坚持以人为本、可持续发展的基本原则

从一方面来说，高校内财务的各项管理，其实最终都离不开人为的因素。从另一方面来看，可持续发展是当今社会发展的最基本准则。财务管理部门必须要加强对于专业人才的重视培养，这样才能在较长一段时间内保持高校的进步与发展，才能为我国人才的教育培养作出更多贡献。而不断加强对于专业人才的重视、培养，也即将成为未来财务管理发展的方向和趋势。

（四）增强财务人员的管理意识

现如今，各大高校正在从计划经济向市场经济进行转变。在这个过程中，一定存在着非常多难题。因此，面对新提出的要求，财务人员应当根据自身拥有的各项专业知识，及时地提出相适应的处理办法，以此来适应高校的进步与发展。特别是在教育产业化背景下，产业化前后高校财务管理模式要发生重大改变，财务管理人员必须作出改变以应对新形势。

第四章　高校财务管理的技术创新

随着全球信息化的不断推进和深入，信息技术拥有了更好的发展与更广泛的运用。尤其是互联网技术的升级，催生出了很多基于互联网信息技术的新兴产业。本章主要从高校财务管理的技术现状和高校财务管理的技术创新实践，对高校财务管理的技术创新进行阐述。

第一节　高校财务管理的技术现状

信息技术的更新和进步，是高校财务管理技术创新的一项核心内容。其主要表现在对于财务信息的收集、整理、储存、加工、检索等活动中应用的技术方法、手段的更新与创造。例如通信、网络、计算机技术的创造创新等。现如今，我国很多高校的财务软件对于维护不重视，而仅仅关注软件的开发这一方面。这便造成了财务软件更新、升级的速度非常慢，无法适应财务管理日常的需要。除此之外，财务软件的网络化程度也并不是很高。上述这些问题都需要充分运用好技术创新进行妥善处理和解决。

一、与世界先进国家信息化技术水平相比有差距

早在 20 世纪 60 年代，就有学者提出了信息化的概念。这是信息化这一概念第一次被提出。就目前情势来看，经济宏观信息化正在被不断向前推进着。众多领域关于信息化的概念也随之被提出。例如“教育信息化”“经济信息化”“财务管理信息化”“会计信息化”等。在很多人的理解中，信息化在工作中的实践运用，大多只是在关于电子计算机的运用上。例如工资发放系统模块、银行付款采用无现金方式、财务软件凭证录入模块等。这些其实都是会计核算的领域，而财务管

理的信息化则归属于财务管理的范围。

和世界上一些发达国家的高校财务管理信息化水平相比，我国高校财务管理信息化的水平还有一定差距。无论是在建设规模上，还是发展程度上，都存在一定距离。1990 年，美国克莱蒙特大学的教授凯尼斯 · 格林（Kenneth Green）就提出了“校园信息化”的概念。2002 年，北京大学和香港大学共同启动了一个国际性的高等教育信息化研究：ACCS（Asian Campus Computing Survey）。该项目主要是用来了解亚洲区域各个国家不同高校的信息化建设情况。

各个高校所实施构建的“数字化校园”，其技术支撑就是电子计算机与网络通信技术的不断更新、发展。对于高校财务管理的信息化建设，不同的方面对应着不同的工作领域。从会计人员的角度来看，是需要了解会计核算流程、资金动态存量和对外服务情况等。而从高校财务处的内部工作来看，就是如何规划好业务流程，从而能够有效地提高工作的效率，减少重复的劳动。做到领导只需在办公室，就可以清楚地知道具体的内容。无论是领导、财务处的工作人员还是教职员工，都只需要运用移动通信设备、电子计算机，就能够在财务处的综合信息查询平台上搜索到相关信息。

二、复合型优秀技术人才短缺

关于会计的相关信息内容，需要做到迅速及时且准确全面的判断。同时，要能够利用这些信息提供正确依据，例如在为领导决策、筹集资金、资金调度、对外投资等方面。如果这些信息没有被有效地利用，就会造成财务处大量的信息堆积，信息的公开渠道不顺畅，信息了解不对称等现象。例如关于资金存量的信息，相关的管理人员应当能够随时对单位的资金状况进行全面掌握，而非由甲来提供银行存款的信息、乙来提供财政资金的信息，银行贷款的信息又是由丙提供的，好几个人去完成同一项工作。这样不仅工作效率被极大地降低，更重要的是，信息失去了其应有的时效性。我们现在的社会是信息社会，也是透明社会，需要有效利用好财务处存在的大量信息，可以对外公开的要全部对外公开。与此同时，财务处不能总是被动地等待员工找上门来才去对事情进行处理，而是应该可以主动利用财务信息、现代管理技术为员工服务。当然，对于相对重要的信息，也需要加强管理与应用。

在我国，大多数高校的会计人员都是会计专业毕业的。也有一些是毕业于工商管理、工程管理、计算机专业等。这就可能会造成会计人员在专业素质方面，存在参差不齐的状况。现如今，信息化正在高速地向前发展着。在我们的社会中，存在着一种现象：了解信息技术的人不了解会计知识，熟悉财务知识且精通信息技术的人才非常稀缺。对比于时代的发展，我国信息化时代复合型人才的短缺十分严重。

第二节 高校财务管理的技术创新实践

一、基于云计算技术的高校财务管理创新实践

（一）云时代下的高校财务管理新视角

1. 云时代背景

现代科技正处于迅猛发展的过程中，我们经历了从知识经济时代到全球化时代、再到今天的互联网信息时代的过程。如果从不同的角度来看，我们现今的时代拥有着不同的定义。如今，云时代作为一个崭新的名称，迅速地吸引了人们关注的目光。同时，它正在逐步地改变着我们的生活。

何谓云时代？即云计算时代，在云计算技术不断普及的依托下，带来一场信息系统结构颠覆性的变革。2007 年，IBM 与 Google 宣布了云计算领域的合作。在这之后，云计算便开始作为一种崭新的商业与应用计算方式被提出，并且其迅速成为了产业界、学术界研究探索的新热点。

伴随着近些年的高速进步，云计算技术在网络服务领域中已然是随处可见。即使是最简单的云计算技术，例如搜索引擎、网络信箱等，网络用户仅需要输入非常简单的指令就能够获得海量的信息内容。由于具有便捷灵活的操作模式、强大的计算能力、相对较高的通用性和可靠性，云计算正在引领着信息时代向前推进的方向。

在北京举行的2013云产品发布会上，浪潮集团作为国内云计算的领导者，通过首次定义“财务云”的概念，有效推动了企业财务管理步入“云端”，从而迎来了在云计算、移动互联网的背景下，以云计算技术作为支撑的“财务云”时代。正是由于“云”与财务管理的结合，会计核算的职能能够更加清晰，更加专业，其管理也更为精细。从而打破了时间、空间及传统意义上对于核算主体的限制、约束。

2.“云财务”提出对高校财务管理的借鉴意义

不被时间和空间限制，财务工作人员能够随时随地地对各种账务进行处理，而那些高校财务管理需要的资源、内容、数据等都完整地保存在“云”中。这样可以更好地实现财务服务的重心下移，为财务工作人员下学院、下基层向全体教职工提供服务提供了专业的技术支持。

从上述原因来看，运用网络服务来实现财务的各种职能是未来高校财务工作的一个发展方向。在未来，曾经提出的这一设想——基于云计算的“云财务”管理模式将可能成为现实。如果需要办理业务，在网络上就可以操作完成，而不需要去线下财务部门的办公地点才能够办理。老师、学生如果需要办理业务，例如项目结题、经费报销、学费缴纳及查询经费使用情况等，足不出户就可以处理好。而各个高校可以将自有的那些设计构想和业务流程更快地实践运用到管理软件中去。经由信息系统模块进行的个性化定制服务，使得服务对象无论位置在哪，使用的是什么类型的终端，只要有网络，就能够获取其自身所需要的服务体验。服务对象仅需要拥有一部智能手机或者一台个人电脑，即可通过网络来处理好全部需要处理的经济业务。其所请求的所有资源都来自“云”，所有的应用也都在“云”。

3.云时代为高校财务管理发展带来的机遇与挑战

（1）在未来的云时代环境下，财务管理在效能方面的提升主要取决于网络技术与知识经济的更新发展。同时，网络技术、知识经济使得财务管理的模式和手段也发生了巨大改变。伴随着科学技术的不断发展，计算机技术也在逐渐更新、升级。电子信息技术开始在财务管理领域里发挥越来越重要的作用，其在各行各业中获得了广泛的应用。计算机技术的飞速提升，极大地推动了财务管理模式和管理手段的创造发展，促进了信息化时代的快速到来。

从财务管理模式的角度来说，知识经济改变了财务管理的模式，使其开始从之前的局部、分散管理转换为如今的远程处理与集中式管理。知识经济调整了经济活动的方式，拓宽了经济活动的空间。网络化、数字化特征在经济活动中的体现越来越多。与此同时，新兴的互联网虚拟办公室正在逐渐替代着传统的固定办公室。主要体现在传统的办公方式正在被依托于互联网而进行的远程办公、移动办公、在线办公等取代。这种改变所带来的好处是大大地提升了员工的办公效率，也在很大程度上节约了财务管理的运营成本。从财务管理手段的角度来看，财务管理之所以能够在一定程度上突破时间和空间的限制，实现了财务信息的动态及时处理，是因为互联网技术的广泛运用。财务管理的实际效能因为这种全新的运行方式得以有效提升。

（2）因为财务的工作内容具备细致、繁琐的特点，所以高校的财务工作人员在工作的时候需要适应其自身工作内容的特点，做到同样细致认真，做到两耳不闻窗外事，不被外界的繁杂所干扰。财务工作人员要能够认真地进行从凭证到会计报表的核算与编制过程。从现实的角度来讲，每一位从事财务方面的工作人员都希望自己在工作过程中，不单单是简单地对原始凭证进行审核、输入，而是可以通过增强对财务数据的研究、分析、处理能力，从而为高校的发展提供更多的价值。财务工作人员希望可以解放财务的生产力。

而云计算技术，将有望实现这一愿望。云计算技术的实践运用能够通过提供给人们标准化的服务，用更加高效、更为经济的方式方法，来实现财务领域那些基础层面业务的处理。云计算技术的应用能够良好地转变传统的业务流程，使财务工作人员能够从简单的、基础的原始凭证制单业务中解放出来。从而极大地减少了财务工作者的日常工作量，提升了日常工作效率。这样一来，就能够使其将工作重心放在研究分析财务数据方面，为其之后成为拥有更强综合能力的财务专家打下基础，为高校的发展战略、发展决策提供强有力的支撑。

由此，我们能够得出，“云财务”促进了财务人员进行良好的角色转型。同时，可以切实有效地提升财务管理在高校战略决策方面的影响力。

（3）云计算正在不断深化升级，朝着更发达的方向发展。高校内部的各个部门可以切实做到有条不紊的协同合作，将资源配置合理，从而实现高校更为良性的可持续发展，是通过运用信息流协同完成的。“云财务”管理模式能够有效地推动财务流程再造，对于各个高校内部的财务协作起到了加强作用。会计核算方面，财务工作人员不单是数据的处理者。财务人员的操作不需要被时间、空间束缚，例如原始数据的录入、原始票据的签批等均可在网络上操作完成。

从预算方面来看，现阶段的步骤流程是：各个部门将自己使用完成后的预算电子表格发送至财务部门，再由财务工作人员合并这些来自不同部门的预算电子表格，采取的方式是手工合并。但如果是在“云财务”的模式下，情况就不同了。财务部门可在云端为各个部门创建一个各自独立的预算文件，通过网页形式，当每个部门都输入好其预算数据之后，合并后的预算数据将实时生成。

从财务报表上来看，各个高校的管理层很难实时掌握财务的运行情况。因为原来的报表能够提供的信息不仅有限，而且通常不对称，同时原有报表的格式是固定不变的。这样对于制定、实施重大决策非常不利。与之相对应的“云财务”模式，不仅能够随时随地提供需要的相关财务信息，甚至可以按部门生成会计报表，为各高校管理层、各部门负责人员提供其所需的各项财务信息。而这些都得益于“云财务”模式拥有非常灵活的自定义功能。

我们能够看到，“云财务”管理模式处理了非常多不同类型的传统财务管理中存在的问题。但是“云财务”对我们来说毕竟是一个崭新的词汇，它既可能是一个新机遇，那么也可能是一个新挑战。“云财务”模式还有很多难题等待着我们去处理和改善。“云财务”模式在现实情况中的实践运用、宣传推广仍需要一个相对较长的过程。以下是一些现阶段存在的问题。

第一，“云财务”这种财务管理模式，其建立的基础是云计算技术。而目前，我国的云计算技术还没有完全成熟。和云计算相对应的各项法规、标准还存在很多空白，暂时还不能提供较为明确的云计算数据安全指导方针和要求。

第二，财务工作内容具有其特殊性，保护财务信息安全始终是财务工作的重中之重。“云财务”模式是将全部的财务信息都存储在“云端”，其程序应用也均在“云端”，那么将如何才能确保“云端”的高校财务信息是安全的呢？如果各大高校都开始了大规模地使用“云财务”管理模式，那么高校财务信息的安全保障，则是影响其使用率的重要原因。

第三，在思想观念上，人们对于新生事物的可接受程度也十分重要。关于云计算的“云财务”管理模式，其在财务的管理流程上、财务的运作上产生了巨大的变化，可以说，这一次是高校财务信息化的重大变革。各个高校的财务工作人员，应该积极主动地去学习如何在思想观念上保持好创新思维模式。同时在自身的实际行动中，也要时时刻刻地学习最新的云计算相关理论知识。从而能够更好地迎接即将到来的财务管理云时代。

综上所述，在现如今的网络大背景下，“云财务”管理模式是传统财务管理的深化、改善与发展。在云时代的环境下，“云财务”管理模式是一种高校财务管理的新模式。每一种事物的发展其实都需要一个循序渐进的过程，在这个过程中需要我们不断去探索、去改善。即使现在云计算的技术方面还不够成熟，但是其产生与运用，已经使高校财务管理步入了一个新的发展阶段。伴随着市场的日益成熟，云计算相关的各项法律法规、标准规定将会逐步建立健全。在未来，可能会有更多的高校能够在思维观念上接受这种崭新的模式，积极主动地在财务管理的日常工作中将这种全新模式实践应用起来。

（二）基于云计算技术的高校财务管理流程

随着移动互联网的快速发展，现如今已经进入云计算、大数据信息时代，互联网云技术被广泛地应用到我国各行各业的经济发展中。在该技术的渗透和助力下，我国呈现出崭新的经济形态，进一步促使我国经济高速发展。高校作为社会经济中的一种特殊经济主体，其财务管理流程也应该随着信息技术的发展进行相应的改革和创新。

云计算互联网技术的发展，促使我国步入了互联网共享经济的进步发展阶段。2019 年，我国政府积极推进建设社会各阶层、各行业的数字信息平台，大力推动共享经济的发展，互联网平台已经逐步发展成为我国国民生产生活的重要经济基础。现如今，我们身处在信息技术的大环境中，但是，高校财务管理，仍然处于一个传统的处理方式阶段，无论是从财务工作的效率来看，还是从财务管理的思想观念来看。因此，高校财务管理必须引入较为先进的现代信息处理技术，这样才能够跟上时代发展的步伐。这样，高校的发展才能够更好地适应时代的进步发展。

1. 高校财务管理流程的不足之处

（1）缺乏规范性、有效性

高校财务部门的会计核算工作包含很多部门日常数据信息的传递、沟通和交流。通常包括工资管理系统、学生收费管理系统、固定资产管理系统、后勤管理系统、账务处理系统等等。但是，现有的财务信息管理系统只包括财务部门的数据核算，这造成财务报销与审核制度不透明。在现实情况中，一旦涉及教师课时统计或者考勤统计、经费的申报、出差旅费的报销等内容，工作信息的传递就会出现不顺畅的情况。这样一来，便会导致财务部门的工作效率降低。而面对日常信息处理，也会缺失应有的规范性和有效性。

（2）未能充分利用互联网技术

在通常情况下，经费预算科、会计核算科、后勤核算科、财务结算科及财务综合科等科室，是高校财务核算工作主要会涉及的部门。各个财务部门之间缺乏有效的沟通，相同的一项数据信息却经由不同部门进行重复操作处理。高校财务的各个部门是相互独立的，不同部门的各项财务核算工作存在着分配混乱的情况。同时，也没有一个统一的数据处理标准。这便是财务信息管理水平相对较低的原因。

2. 基于云计算技术的高校财务管理流程再造

伴随着互联网技术的飞速进步，数字化校园以其对于信息处理的便捷、高效等特点，开始逐渐成为各个高校建设的重点。办公效率之所以能够被极大地提高，移动互联网办公自动化（OA）办公系统功不可没。数字化校园信息化管理系统的一个分支——高校财务系统，为广大校园师生的日常使用带来了很多便利。在获得众多便利的同时，我们也要对高校财务管理流程的更新与调整充分重视。因为只有高校财务管理的流程得到了更好的优化，才可以更好地融入进数字化校园的综合管理系统中。因此，未来将会有一种必然的发展趋势，即对高校财务管理流程进行专业的改造。而我们也需要以更好的面貌去迎接那些高校传统财务管理流程改变所带来的挑战。

（1）建立互联网财务管理流程处理平台，实现数据信息高效共享

各大高校财务管理流程的更新与改造所带来的新发展空间，离不开互联网云

技术和其具体业务的各种融合。引入信息技术，将可以实现各大高校内部不同职能部门的信息处理系统和财务系统的融合与统一，使信息能够实现实时同步的共享。而这，需要建立一个具有现代化特征的数字校园信息中心。通过运用互联网的技术优势，建立起一个拥有统一数据标准的高校综合管理信息平台，而高校财务系统的基础业务数据，则是由该平台提供。与此同时，还可以建立一些自主服务平台，目的是方便录入各项基础数据。通过云计算技术的支持，对大数据进行财务分析，并且可以将数据及时地传输到相关的查询系统中，使信息的使用者能够获得更加快捷高效的服务体验，从而实现对于数据信息的共享。

（2）优化财务部门组织结构，促进不同部门间信息的高效传递

通过互联网云技术的支持，建立起了具有现代化特征的高校财务系统，从而使财务管理流程和职能部门业务流程的融合得以实现。现阶段，大部分高校的财务部门主要具备的业务职能有三个：会计核算、业务预算及综合管理。人事部门、教学单位、教务部门与行政部门的一些业务存在着基础数据重复进行处理的情况。对此，财务部门应当进行扁平化的结构调整。扁平化的结构调整有利于信息化管理模式从垂直式处理模式向网络交互式方向发展，使不同部门之间的业务数据得以实现实时共享，从而极大地提升了各部门之间信息传递的效率。

（3）提升财务人员专业技术水平，优化财务管理流程

现如今，在我们的经济生活中，在各式各样的蓬勃发展的行业里，都能看到互联网云技术的身影。关于各个高校财务管理流程的再造，需要的不单是更新硬件，更为重要的是财务人员的专业技术水平能够得到有效提升。如何才能使财务工作人员的专业水平提高，是我们要重点进行思考的问题。

面对新的财务管理平台，应当充分发挥现阶段财务系统所具备的优势特点，促进财务管理的流程不断优化。如今，在信息化技术的背景下，我们看到，财务的管理职能已经由财务会计的核算职能向管理会计职能进行了转变。基于财务工作领域现存的很多挑战，是互联网技术带来的，为了更好地迎接这些挑战，高校应当为财务工作人员提供相应的培训。目的在于培养更多更高素质的管理会计方面的人才，使管理会计在各方面的积极作用得以发挥。例如评价管理效益方面、加强预算绩效管理和经济决策分析方面等。

高校财务管理流程的更新改造作为一个系统性的过程，很多因素都在影响着其在现实情况中的实际运行。例如高校内部包括教学、行政、教务和后勤等多个部门的协调配合程度；财务部门会计专业人才专业技能、业务能力和综合职业素质等。如果想要获得理想中的运行效果，不仅需要高校领导从不同方面进行合理的统筹分配，财务工作人员的各项专业技能同样需要不断加强。如预算管理、采购管理、业务技能等方面。

在实际工作的情况中，财务管理流程的运行是需要持续更新与调整的。对于财务管理流程的改造，也并不是一步到位的。各大高校通过计划、组织、执行、控制、反馈和业务综合一体化的管理过程，使其资源能够获得最优配置，从而在实际中实现资源效用的最大化，这便是财务管理流程更新改造的最终目标。

（三）基于云计算背技术的高校财务绩效动态评价

近年来，我国不断推进对高等院校的教育体制改革，取得了非常多显著的成果。具体表现在教育质量有了非常大的提升，很多高等院校的投资规模开始逐渐扩大，经费也开始逐渐增多。因此，财务管理在各大高校中也开始占据越来越高的地位。对于教学资金投入与经济活动的多元化，需要各大高校能够建立起一个适用的评价体系，这个评价体系不仅要具备客观、规范的特点，还应做到条理清晰、实际有效，使其对于高校教育资源使用情况及其收益情况的评价更加科学。如何更好地有效配置高校资源，这就要求高校重视财务绩效评价的工作，对自身的财务状况和运营情况有深入的了解和掌握。因此，高校需要构建一套合理、完整、严密、动态的绩效评价体系，运用现代科学的方法和管理手段对财务状况进行分析和管理。

1. 云计算技术与高校财务绩效评价的理论基础

云计算技术作为新一代计算模式的发展方向，不但能提供便捷快速的服务、还能降低资源使用成本，进行大规模数据处理、挖掘工作。随着云计算信息技术的高速发展、大数据、物联网、可扩展商业报告语言（XBRL）等新兴技术逐步扩大应用，给高校财务信息化工作带来了机遇，也为高校财务绩效评价提供了技术创新。

财务绩效评价是会计主体以各类财务指标为前提对本单位的财务状况、经营成果进行整体的科学考量和解析，并将评价分析得出的结论和计划进行比较，以此作为衡量经营现状优劣的评判标准，对财务状况和经营方向的未来发展能起到一定预测作用。高校财务绩效评价建立在经济学、财务管理学的理论基础之上，结合高校实际的财务状况，运用规范、科学的方法，按照绩效的评价准则，对于教育资金的相关投入与使用效率、产出效益与社会效果进行反映，是对于高校财务管理活动的过程和结果进行的更为系统公正的衡量，以及更加全面综合的评价。

2. 高校财务绩效评价体系的不足之处

在我国，高校财务绩效评价还处于发展阶段。很多高校都非常重视财务管理，但却较少注重绩效管理，认为绩效评价也只是对财务管理的事后总结与评估，没有正确认识其在管理过程中的引导、分析和预测、决策功能。一直以来，很多高校财务绩效评价重视资金投入却不重视效益，重视资源分配却忽略了评价监督，造成了高校在日常运行中出现了教育资源配置不合理和有效利用率低、教育支出不均衡等一系列的问题。高校财务绩效评价中仍然存在以下一些问题。

（1）评价对象不清晰，目标不明确

各大高校财务绩效评价的主要内容，包括高等教育的投入、产出、效益等。许多高校的财务绩效评价并未明确将战略目标作为核心并为之服务的绩效目标，进而没有明确评价的方向。在评价对象上含糊不清，设计笼统，没有细化评价客体，所以造成了评价效率较低，得不到真实客观评价的结果。

（2）财务绩效评价体系不完善

财务绩效评价体系是由评价机制、评价指标、评价标准、评价方法四个部分组成的。大多高校的财务绩效评价制度、激励机制等还未健全，缺少综合性、规范性和科学性，没有起到绩效管理的推动作用；绩效评价指标不能充分合理地体现全面财务管理水平，也没有考虑到一些非财务指标要素，没有兼顾定性指标与定量指标相结合，指标口径不统一；评价标准不统一，在绩效评价过程中无法执行数据对接；评价方法也不恰当，没有兼顾实操性与计量的规范性。

（3）缺乏有效的财务绩效评价监督机制

部分高校进行财务绩效评价时忽略了监督机制的建设，无法形成一个良好的制度环境和组织环境。也正因为缺乏一个系统的管理监督体系，财务管理制度和监督机制不健全，容易在财务绩效评价过程中出现较大的漏洞。脱离了绩效管理核心，内部监督控制也无法满足其自身的实际需求，不利于及时反馈和纠正评价结果，对财务绩效水平的提高也有一定影响。因此，如果高校想要对其绩效评价进行全方位的管理，那么建立更加完善的财务绩效评价体系则显得十分必要。

3. 云计算技术对高校财务绩效管理的影响

（1）促进了高校财务绩效管理的标准化

目前，许多高校建立了校园局域网，同时引进了各种部门管理系统，如教务处的教学管理系统、人事处的人事信息管理系统、资产管理处的固定资产管理系统。这些系统的数据标准并不统一，每个系统之间也是各自独立的。这就导致了其无法共享数据、出现了信息孤岛等。同时，还有管理信息出现不对称的情况，造成很多信息资源的浪费。以上这些现象的发生，使得高校财务绩效的管理不能得到一个准确的衡量，高校财务信息化的建设在现实情况下遭遇了非常多的阻碍。

在各大高校的云计算中，不同部门的业务系统可以共用一个大的资源池，资源池容量可适时调整，还可以对资源进行实时合理分配，提高资源利用率，实现绿色计算。因此，云计算可以通过高校财务信息门户系统集成整合，挖掘潜在有用的数据。由于信息使用的部门及人员是动态变化的，所以这一切通过“云”实现，对标准化的数据进行统一灵活运用，既降低了管理部门协同的复杂程度，又促进了财务绩效数据的标准化进程。

（2）降低了高校财务绩效管理的成本

虽然大多数的高校都进行了关于财务信息化的改革，摒弃了手工会计方式，但会计电算化发展到今天，各高校都通过局域网，配备服务器、交换机、工作站等设施，自行开发本校财务软件或选择外购专业财务软件进行财务管理，使得软件运行维护、更新改造费用开支不少，大大增加了财务信息化管理的成本。云计算服务商将提供几十万台服务器，为云计算提供强大的支撑平台，足以适应高校的业务量增长和工作需要，同时可以减轻经济负担和降低经济风险。通过 SaaS(软件即服务）模式或 PaaS（平台即服务）模式租用其平台或“云”，可减少重复购置成本，缩减开发运行周期，减少运行和维护费用，节约人力成本和管理成本，降低高校财务绩效管理的资金成本和时间成本。

（3）加速了高校财务绩效动态评价模式的转变

目前，许多高校财务绩效核算数据主要来源于财务管理系统，财务核算信息要比业务信息滞后，导致高校财务绩效评价没有及时客观地体现其财务现状与经济效益，因此也无法准确地反映高校财务管理水平，更不能为高校的向前发展提供出一个切实有效且方便快捷的决策支持方案。而云计算则不同。把云计算与财务管理信息化相结合，能够将智能识别体系和数据传感体系等这些新技术很好地融入财务管理平台，使电子发票、增值税发票、合同等实现原始单据的无纸化处理，会计档案电子化存储，教学设备、资产使用状况、校企产业收益等信息流均可以同时获取，能够从云端动态计算评价高校财务绩效水平，从而在不同的绩效周期仍可进行评价、监督、调整，进行动态有效的资源配置，满足高校财务管理的需求，推进各个高校财务绩效动态评价模式的优化。

4．基于云计算技术的高校财务绩效动态评价模式构建

基于云计算构建高校财务绩效评价体系的核心是将高校财务绩效与其战略目标紧密联系，设计一套适合高校的综合财务绩效评价框架，结合高校特色的财务指标信息和非财务指标信息，构建完整规范的高校财务绩效评价指标体系，利用云计算技术建立一种新型的高校财务绩效动态评价模式。

（1）高校财务绩效评价框架设计

各大高校的财务绩效评价框架，是由与高校财务绩效评价相关的要素构成的，是结构化数据与非结构化数据相辅相成的有机整体，为更好地开展财务绩效评价工作，提供更优的绩效管理。其意义在于通过对相关财务绩效指标的监测，来节约教学投入成本、提高学校资源利用率、实现高校战略目标。而设计最优的高校财务绩效评价框架，是财务绩效评价体系建设的首要工作，是改进财务支持决策，提高高校资源配置效率，以服务社会的重要一步。

因此，围绕高校财务管理的工作职能和任务，根据预算、资金运营、资源优化配置、综合实力、短期效益及高校长期发展目标等，得出高校须以战略为导向从预算绩效、资源配置、综合绩效和发展潜力四个维度来评价其财务绩效，组成高校的财务绩效评价框架，从而指导下一步的高校财务绩效评价指标体系建设。

（2）构建高校财务绩效评价指标体系

在设计完高校财务绩效评价框架后，高校必须根据框架的预算绩效、资源配置、综合绩效、发展潜力四个维度分解绩效评价的目标并建立合理有效的具体指标，还要建立一套相对完整的、规范的高校绩效评价的制度和指标计算方法，明确指出绩效评价的对象、内容、分值和权重，从而准确计算出高校财务绩效评价结果。在构建高校财务绩效评价体系的过程中，高校要遵循层次性和整体性相配合、长期目标与短期效益相结合、定性指标与定量指标相辅相成、可比性与操作性相协调的原则，使评价指标客观、公正、科学、系统地反映其财务管理现状，满足财务资源有效配置的需求。

各大高校所实行的财务绩效评价主要是考核教育资源使用的科学性和规范性，资金的投入和产出比例是否合理、能否达到预期效果，能否符合高校的发展目标。所以，建立一套严谨的高校财务绩效评价体系不仅可以提高教育经费的使用效率和优化教育资源的合理配置、形成一种以绩效为核心的观念，而且有利于制定出更科学的预算方案，使资金的分配和使用能得到有效的控制，以进一步降低成本。

（3）基于云计算的高校财务绩效动态评价管理流程设计

现如今，我们都身处于一个大数据时代。高校财务管理信息化的核心是云计算管理，基础便是会计管理信息系统。高校财务管理信息化就是在众多电子计算机所组成的资源池中，将计算任务进行分布，从而使得信息决策资源和计算力能够被不同种类的应用系统按其自身需要获取。基于云计算的高校财务绩效动态评价管理流程设计如下：绩效管理目标制定—业务数据流采集与加工—应用数据指标评价与分析—动态绩效预警与监督。

①绩效管理目标制定

各大高校如果想要对教育机制进行长时间有效的改革，使财务管理职能可以得到良好发挥，那么，就一定要发挥出高校绩效评价的导向作用。制订较为合适的绩效管理目标，对绩效管理的流程实现全程掌控，使财务绩效评价的效率能够得到有效提升，从而逐步形成以绩效为导向的资源分配方式，实现教学投入产出比的优化。绩效管理目标的制订，是通过云计算的管理模式，通过虚拟化技术将大量数据整合在一起，依据高校的战略目标来进行评估和分析，确定好当前高校的绩效管理目标，进而可以科学、合理地完善各指标体系的执行目标，为高校财务绩效评价提供依据，使高校各部门紧密围绕着绩效管理目标展开工作，从而使学校管理效能被极大提升。

②业务数据流采集与加工

各大高校能够运用云计算 SaaS 模式或者 PaaS 模式，使财务信息的采集范围和储存范围得以扩大，对于高校财务系统、资产管理系统、教务管理系统等相关业务部门信息进行加工，做到财务信息与非财务信息相结合，内部信息与外部信息相结合，并将各种业务数据流进行融合与关联分析，实现“数出一门，统一口径，资源共享，拓宽价值流、业务流”的路径，为高校财务绩效的实时评价提供基础结构化数据。这种方式的核心是财务管理资源。同时依托云计算服务模式，通过运用专业的系统模块，从而突破了个体之间的界限。对于各个高校资源的整合利用，建立更加完善的公共数据平台，起到了非常重要的作用。除此之外，还处理了关于绩效评价的数据对接问题，计量的规范性与实操性也都被很好地兼顾，各个单位各个部门之间的信息共享、沟通交流、协调协作等也被较好实现。

③应用数据指标评价与分析

在云计算的技术背景下，各大高校关于结构化数据与非结构化数据的应用处理，更具有动态化、智能化及自动化的特点。这样就使得财务绩效评价应用指标的数据挖掘更容易，因而也就可以根据既定的目标从海量的数据中挖掘出更为实用、更潜在的信息。并且这些信息相对浅显易懂，通过可视化的形式呈现。

云计算平台会将第二流程的业务数据加工程序的数据按高校财务绩效体系分配给指标计算资源池，分别计算 4 个一级指标、10 个二级指标、33 个三级指标的结果，并且按照各指标的 4 个维度取值与权重进行计算，得出最后的绩效评价结果。在对绩效评价结果全方位评估分析后，提供出完整的、高质量的财务报告及信息使用者所需的、不同的财务决策方案。

④动态绩效预警与监督

综合应用云计算的高校财务绩效动态评价模式，是一个系统的管理监控体系，其可以按照使用者的不同要求自选查询口径随时生成财务报表。云计算的可扩展服务可减少信息使用成本，提高信息披露质量，有利于监管者及时获得高校财务数据反馈，加强财务绩效管理，大大提高了业务信息的时效性，实现了财务信息的动态核算，突破了信息传递迟滞的瓶颈，也有效地避免了人工主观因素所带来的干扰，从而使高校绩效管理的实施效果有了保障。

各大高校基于云计算的财务绩效动态评价模式建设，可以不受时间、空间及评价主体的各种主观约束和限制。基于云计算的高校财务绩效动态评价模式是新的流程再造，通过共享服务实现数据挖掘，智能化、科学化地对绩效评价管理全方位评估分析，从而使高校财务管理从分管层面提升到动态管理与支持决策层面，使资源配置服务得到了优化，使高校的综合能力得到了提升，使其自身的办学特色更加突出，从而可以更好地促进教育事业的进步与发展。

二、基于大数据技术的高校财务管理创新实践

我们现在的日常生活中，大量充斥着各种信息、数据、资源。人们的日常生活方式、不同行业的工作方式等，都因为信息时代的到来而产生了变化。基于这样的大环境，各个高校的财务工作模式也相应产生了转变。例如工作范围的变化，相较之前，有了明显的拓展、延伸；还有对于信息的需求也在逐渐增加，已经超出了传统会计所界定的范围。这就要求各大高校的管理部门能够运用“大数据”的思维，运用好技术科学，完成财务管理信息系统的建构。建立科学合理的绩效评价指标体系，用以监控、防范财务风险。从而做到优化办学资源，提高校园管理水平。

传统信息工业所发生的变革，离不开大数据。在目前的情势下，各大高校之间的竞争日益加剧。因此，符合大数据时代信息管理要求是高校财务管理信息系统在创建时，需要遵守的。

什么才是高校财务管理信息化？即高校财务管理部门通过利用信息化手段，整理高校内的各项财务信息，同时通过一定的方式方法来提升财务工作效率和资金利用率。从而使财务工作人员能够不再被繁重的工作所累，继而有效提升财务工作的效率、质量。就目前的情况而言，我国高校财务管理信息化虽然呈现迅速发展的趋势，但是，仍旧存在着很多问题。这些问题，正在制约着财务管理信息

化的进一步发展。

虽然财务管理信息化建设的目标在很多高校已然得到了实现，但是财务管理的信息化建设，仍然需要持续地更新、深入。就目前情况来说，建设的效果仍不够理想，财务人员的工作任务也依然非常繁重，其日常的工作效率仍然有待提升。作为一名现代的财务工作人员，不仅需要具备专业知识，还需要掌握相应的专业技术及信息化技术。只有这样，财务工作人员才可以满足持续变化发展的信息化要求，才可以更好地去适应高校信息化的进步与发展。因此，目前各大高校工作的重点，应当是使财务人员的综合素质得到一定提升。

高校财务管理信息系统正在日趋完善，这其中，信息化水平的不断提升起到了很大的作用。但是就系统运行情况的角度来说，查询学生住宿的缴费情况、发放教职工的工资、编制记账凭证，是其使用最频繁的功能。对决策支持的功能相对较弱，根本无法满足高校财务管理的各项精细化需要。因此，高校财务管理水平的提高在一定程度上被制约。

（一）基于大数据技术的高校财务管理平台化

随着信息时代的到来，大数据技术的应用范围逐渐扩大，人们生活水平不断提升，高校财务管理信息系统发展方向逐渐走向科技化、先进化和信息化。“作为信息生产和使用大户，高校不可避免地直面这种信息变革，作为高校数据使用桥头堡的财务管理工作，面临着更为迫切挑战”[①] 因此，人们对财务管理信息系统和财务人员的能力提出了更高的要求。

大数据技术的产生，对于庞大的数据信息采集、数据信息分析及数据信息的合理利用等都起到了极大的推动作用。我们的社会正在不断进步，子女的教育问题，也越来越被人们所重视。国家对高校的教学质量提出了更高的要求。与此同时，在施行新的教育改革制度的过程中，高校对财务部门的管理能力也提出了进一步的要求。各大高校为能保证财务管理质量、增强财务管理能力，以及提高财务服务水平，通过大量引进互联网技术的方式，不断完善财务管理系统，不断寻找财务管理制度的创新点。通过建立信息化决策平台，以实现预算、核算、决算

① 殷爱荪．探索者的脚步[M]．苏州大学文正学院教学管理论集：第三辑．苏州：苏州大学出版社，2014．

三大体系真正对接等实用功能，充分发挥财务管理的作用。

1.增强对会计核算工作的标准化建设

如今，我们处于大数据技术应用的环境中。各大高校倘若想使其财务部门的管理能力能够得到加强，就应当尽可能地支持会计核算标准化的建设。

第一，应对高校里的教师、学生、后勤、保洁及其他工作人员进行标准化、统一化管理。根据不同的部门及组织架构对服务对象进行分类，每个部门的编号应规范统一、并在系统中建立相应的数据库。不仅如此，还可以按照不同的服务要求创建符合实际的操作平台，开发设置与服务要求相对应的功能。

第二，核算基础标准化，高校应根据国家相关规定，以及社会的发展需求对会计核算课程做合理的调整，不断完善该科目的内容，综合考虑管理需求并结合新增的一些具有创新性的项目，对学校的项目管理规范和原则进行标准化和统一化处理。

第三，高校应对其财务人员进行统一标准化培训，不断提高财务人员的工作能力和业务能力。

2.建立健全的财务信息管理制度

为了使其财务管理能力能够得到有效提升，各大高校应当根据发展的需求建立健全财务信息管理制度，并严格执行。在日常的工作中，非常容易就出现多种财务问题，因此，十分有必要对各项问题进行收集、分类、研究。通过对财务问题进行分析总结提出有效解决措施，可进一步完善财务信息管理制度。

除此之外，在财务管理系统中可通过大数据技术建立强大的数据库，应用数据挖掘和数据检索等技术，实现财务信息管理的标准化。对于每一位新入职的高校财务人员，都应严格按照高校内部的财务信息管理制度给予培训，减少因为人为因素造成的财务管理混乱问题。

3.加强对财务管理人员的信息化综合素质培养

各大高校财务管理部门的核心构成部分是财务管理工作人员，高校财务管理工作的主要影响因素就是财务管理人员的综合素质。在如今的社会环境中，如果想要跟紧科学技术发展的步伐，满足社会发展的需求，各大高校应做到：加强对财务管理人员的专业知识培训；加强对财务管理人员财务信息管理能力的提升；

高度重视对财务管理人员的专业水平考核。其可以从以下几个方面开展工作。

第一，高校高层领导应重视对于财务人员的教育和专业知识的培训，以保证财务团队能跟得上社会发展的节奏。

第二，财务部门的出纳和会计应具备一定的财务信息管理经验，能够熟练运用相关知识，以保证每一个财务工作环节都可以顺利进行。

第三，鼓励财务人员考取专业相关的资格证书，重视对财务人员职业素质的培养，定期对财务人员进行考核，提升整体财务队伍的综合素养。

4. 建立财务管理系统微信公众号

现如今，大家越来越关注互联网技术在不同行业中的各项应用。其中，很多应用方式饱受好评，深受人们喜爱。例如通过运用大数据技术开发出的各式各样的应用程序软件，能够为人们提供日常生活中的很多便捷服务。因此，微信公众服务平台的出现给众多的企业、各大高校带来了非常多的便利。微信公众号得到了广泛的实践运用，特别是在财务管理系统中。

例如，高校的财务工作人员如果想要促进财务方面的相关理论知识，就可以通过接收微信公众号的内容推送，通过阅读浏览推文内容，增加自己的财务专业知识。服务功能方面也十分便捷：微信公众号有办理业务、自助查询等程序入口，教职工可以通过这些服务功能进行操作办理。如果可以合理运用微信公众号，那么不仅能够提升财务部门的管理水平，还可以合理简化财务管理的各项操作步骤，从而有效地减少财务人员的工作量，让各个部门进行良好的沟通与协作。需要注意，如果想要真正地发挥出微信公众服务平台的作用，就需要人们能够合理地运营，且定期对其功能进行优化。微信公众号的建立，能够有效地提升高校财务管理的工作效率，降低高校在财务管理方面的各项成本。因此，关于微信服务公众平台的建设，应该得到高校财务部门的重视。

综上所述，在大数据快速发展的背景下，人们对各行业的业务水平提出了更高的要求，高校财务管理能力也需不断地增强。为降低现实社会各种因素对高校财务管理系统建设的不利影响，高校的领导层应对增强财务管理能力的方法给予高度重视，并根据自身条件的发展采取相应的有效措施。高校应借助大数据技术，对其财务管理工作进行具有创新性的突破，使财务管理能力有所增强并适应社会发展，进而推动高校自身的发展。

（二）基于大数据技术的高校财务报销

近年来，高校教学科研规模不断扩大，教学和科研经费呈现多样化且大幅增加的趋势，而传统的高校财务报销流程重复性工作多、审批手续烦琐、效率较低，与高校不断增长的财务结算量不相匹配。大数据及人工智能技术对高校的财务工作产生了颠覆性的影响，更带来了巨大的机遇与挑战。高校的财务报销工作是高校财务管理的基础性工作，本书充分利用大数据平台及新兴的人工智能技术，对高校传统报销流程进行创新性研究。大数据和人工智能技术在高校财务报销流程中的推广，不但具有很高的实际应用价值，而且能够有效提高高校财务报销效率，改善高校财务“报销难”的困境，推动高校财务管理工作的开展。

高校扩招以来，国家对高等教育经费的投入逐年增加。与此同时，高校自身的经费来源渠道也在不断拓宽，财务资金在总体上呈现上升的趋势，财务支出也越来越复杂化。

财务报销是高校财务管理工作的重要环节，财务人员编制不足、财务制度不够完善、报销方式和流程不够合理等因素导致了高校的报销需求无法得到很好的满足，高校“报销难”的问题日益凸显。尽管很多高校财务实行了电算化管理，对财务工作流程进行了优化，通过采用自动投递机、网上预约等方式来缓解“报销难”，但“报销难”的现象并未从根本上得到改观。因此，各大高校财务部门应有效提升高校财务报销的工作效率、提高财务服务质量，为高校发展出谋划策。本书将大数据和人工智能技术应用于高校财务报销流程中，在大数据时代背景下实现报销效率的提高，以期从根本上解决高校“报销难”的问题。

1. 高校财务“报销难”的现状及原因分析

（1）报销业务时间集中导致较长的排队等候时间

从总体上来看，各所高校的开学时间与放假时间具有其特殊性，因而报销业务具备一定程度上的周期性。寒暑假期间，受到教学活动暂停的影响，报销业务较少；而当新学期开始，报销人员将假期参加各类会议、研讨会等积压的票据集中报销；在年终阶段，由于纵向科研项目（国家和省级自然科学基金、国家重点研发计划、国家重大科学仪器专项等）结题、年终绩效收入分配、师生医疗报销等多种因素叠加的影响，报销数量成倍增长。这不单造成了财务工作人员处在满负荷的工作状态中，形成巨大的工作压力，同时也会造成报销人员在排队上需要耗费大量的时间，从而引起报销人员的不满情绪。

（2）所需的原始报销发票及凭证不符合财务报销规范，导致反复补充材料或退单

报销人员由于其自身的疏忽，时常会提交一些信息内容不够完整或信息格式不够规范的原始票据，如单位名称填写错误、单位税号缺失、办公用品没有税控系统开具的销售清单、发票未盖销售单位的发票专用章、出差人员缺少公务卡刷卡记录等。这些情况将可能导致报销人员多次往返财务部门补充材料，情况复杂时还会造成直接退单，在客观上也成为“报销难”的关键因素之一。

（3）报销人员对报销政策信息更新没有及时了解，导致报销审核量加大

现如今，财务报销政策的更新非常频繁。高校几乎每年都会根据国家相关文件从财务、国有资产采购、出国等各个方面制订及修订相关制度文件，对报销流程不断进行优化。例如《关于进一步完善中央财政科研项目资金管理等政策的若干意见》下发后，各高校根据文件规定制定了新的差旅费管理办法、会议费管理办法、科研经费报销管理细则等，进而导致有些报销人员对学校新制定的报销文件不够熟悉，经常是根据自己以往的经验报销，而不知以前的报销政策可能并不适用于当前报销情况，因而会产生报销不成功的现象。比如，出差火车票及住宿未通过公务卡进行消费等。这无疑将大大影响财务人员审核和整理票据的效率，同时又要求报销人员反复补充材料也会激起他们对财务部门的不满情绪，造成不必要的误会。

（4）人工输入财务报销数据导致耗费精力而使报销效率降低

从报销人员的角度来说，每次报账之前都需要对原始发票金额、数量，以及发票所对应的支出类别进行确认并输入系统。这些操作会使报销人员花费大量的时间和精力统计发票信息，任何一个环节出问题都有可能导致报销不成功。而从财务人员的角度来说，其也需花费大量的时间对报销发票的数量、真伪进行人工统计及甄别，不利于报销效率和服务质量的提升。以报销出租车发票为例，报销

人员需要耗费时间清点并输入总额和张数，而财务人员更需投入精力鉴别发票有无连号、发票专用章和发票金额是否清晰、发票日期有无超过报销期限、核算总额是否与报销金额一致等。由此可见，机械重复的核算和鉴别流程，占用了报销人员和财务人员的时间和精力，也是造成报销效率较低的因素之一。

（5）报销程序烦琐及纸质形式的审批签字难，导致报销人员耗费时间长

从近些年来看，各大高校的资金来源和支出均持续增加，高校财务报销不仅要依据《高等学校会计制度》及中央下发的最新文件法规，还要遵循各高校结合实际情况制定的相关文件，导致报销程序烦琐。以合肥工业大学科研启动经费报销通用设备（如台式计算机）为例：首先需登录采购系统提出申请，并经各部门审核人网上签批后，按照审批的购买方式进行购买，若批准为网上竞价进行购买，还需登录网上竞价系统进行申购，打印采购申请单后加盖招标与采购中心公章，并在打印仪器设备申购单后由经费负责人和设备处领导审批签字及三名验收人员签名；若转出金额大于十万元，还需填写大额资金审批单并经财务部门领导签字；收到设备后，进入资产管理系统进行填报，打印固定资产报增单并由经费负责人和学院资产审核人签字，再由国有资产管理部门签字。整个报销过程手续烦琐，报销人员需要经历这一系列的文件签批手续，耗费很长时间，已经身心俱疲，最后带上原始发票和上述签批文件去报销流程的终点财务部门进行报销时，若被告知手续不全或不符合报销制度而导致退单，极易使得报销部门失去耐心，进而加大财务人员与报销人员之间的矛盾。

2．基于大数据技术的高校财务报销平台搭建

（1）大数据在高校财务中整体应用的模型

大数据技术逐渐在社会生产的各个方面得到应用。其具备三个非常重要的特征：数据体量大和价值大、数据类型多样化、运行速度快。大数据和人工智能技术给高校的财务工作带来的不仅仅是颠覆性的变化，也带来了更多机遇和挑战。

大数据在高校财务工作中的实际应用涵盖了两个领域，即财务学习分析与财务数据挖掘。财务学习分析主要是指对财务人员及其财务工作的数据测量、收集、分析及汇总，目的是理解和优化财务工作流程，其中一个非常重要的应用就是对财务流程的预测与监测，以及对财务数据进行研究分析。财务数据挖掘的目的是

研究和利用统计学原理、移动互联和人工智能技术、深度学习技术和数据挖掘技术来发现隐藏在数据表面下的潜在规律，并通过数据回归对财务工作过程中可能产生的问题进行预测。其包括以下几个方面：财务数据分析与预测，财务预算管理优化，研究能提高财务运转效率的最佳财务管理方式，推动基于大数据技术的单位财务管理科学研究进程。

具体到高校财务工作中，大数据在高校财务工作中的整体应用模型包括财务流程重构、电子票据、财务共享、智能识别与处理、财务分析与预测等。基于现有的高校财务数据系统，大数据在财务流程重构，电子票据的收集、处理与分析，财务数据共享，智能识别与处理，财务数据分析与预测等方面得到了广泛应用，进而提高了财务管理水平。

财务报销，是高校财务工作中一项非常重要的环节。而大数据技术，对于高校财务报销产生的影响，更是广泛且深远。其将优化高校财务报销管理与服务方式，提高财务报销效率。目前各高校已普遍采用了网上预约报销系统、财务管理系统、无现金报账系统等多系统的应用组合并产生了大量的数据。

（2）大数据在高校财务报销中的技术支撑

大数据技术在高校财务报销体系中的技术支撑具体表现在以下几个方面。

①搭建基于云计算的大数据平台，实现报销的全程电子化

在目前的传统财务报销流程中，纸质文件在各部门之间流转及审批经常由于分管领导因事出差等而影响报销进度。高校应顺应大数据的发展趋势，搭建基于云计算的大数据平台，集报销、核算、支付等功能于一体，整合资产管理系统、科研管理系统、二级学院管理系统等其他信息系统，实现报销单据与领导签批程序的全程电子化，使得报销人员可通过电脑或手机等移动设备随时随地地进行报销材料的采集、上传、存储、审批、核查等。整个流程的电子化可大大降低报销中间过程的复杂程度，提高财务报销效率。

②搭建基于机器学习的人工智能平台，实现报销电子单据的自动预审

在当今的信息化社会中，财务票据等都可转变成数字信息。人工智能从规则化模式、统计分析决策模式到现今的人脑模式，正在逐步替代人类的部分工作。搭建基于机器学习的人工智能平台，可实现会计信息的自动算账、记账、报账、

对账、查账、报表等。基于人工神经网络的机器学习技术可实现自动会计判断和决策，极大提升财务工作质量。在高校财务报销过程中，采用先进的机器学习技术搭建的人工智能平台可完成报销、制单、会计核算、汇总等财务工作，对报销人员上传的财务报销相关票据进行初步判断和分析，这样财务人员即可将工作重心转移到对票据合理性的审核中，进一步提高财务报销效率。

③搭建基于文本检索信息处理数据库系统的大数据平台，实现对报销凭证资源的有效管理

在大数据时代，用户希望获取有关被动数据、主动数据和自动数据的高效信息服务。针对高校报销凭证资源，报销人员和财务人员都希望财务部门可有效地收集和存储主动数据和自动数据。搭建基于文本检索信息处理数据库系统的大数据平台，借助文本检索信息处理数据库的聚类检索与分析功能开发全体师生属性的报销分析资源库；借助文本检索信息处理的超强检索功能、建立对报销数据资源的检索系统，以更好地配合财务人员的工作；通过文本检索信息处理数据库分析报销人员的报销凭证资源，对不遵守报销制度的报销人员进行预警。基于大数据资源的数据驱动原理，财务报销凭证大数据平台可很好地实现对报销凭证资源的管理。

（3）大数据在高校财务报销中的应用创新

通过高校各部门数据库联机对接，实现资源共享优化。高校各部门往往采用独立的信息管理系统和数据库系统，由于各子系统之间缺乏必要的连接，系统内的数据未能得到有效整合和实现数据共享，导致很多数据信息在财务报销过程中需要重复输入，在财务数据发生偏差时，还需要和其他部门进行沟通，影响了整合资源和财务工作效率的提高。在大数据平台上实现各部门数据库联机对接，可使会计数据信息更加全面，为财务报销流程提供巨大帮助。例如将财务系统和教务系统这两个数据库系统联机对接，那么就可将教师教学和学生实习方面的执行细节和报销相关数据结合起来，可自动对报销的相关数据进行分析，并得到全面动态的分析结果；若将财务系统和人事系统联机对接起来，在大数据平台上，可根据教师的入职年限、职称、人才计划等信息，自动核算教师工资、公积金、人才项目补贴等，大大提高财务工作效率。

各大高校财务部门最为重要的任务，就是通过对报销数据进行对比，指导和警示教师的报销行为，提升报销的效率，使报销人员的退单率减少，从而能够更好地服务广大师生。在大数据的背景下，高校财务部门的管理思路要进行根本的转变，“报销审核后告知”将转变成“报销前指导与警示”。这主要是按照高校财务报销的规章制度，对每个报销人员在近几年的报销数据（发票信息、报销类别、退单原因等）进行分析对比，发现一定的规律。大数据系统具备的关联性预测能力能够在下次报销人员网上录入信息时，提早对报销人员进行预警，向其推送之前出现过的报销问题，避免重复出现相似的报销问题，并关联与之匹配的最新报销细则，动态指导每位报销人员的报销行为，从而将“报销审核后告知”根本性地转变成“报销前指导与警示”。

通过全校报销大数据的数据挖掘，提高报销效率。在大数据环境下汇总全校财务报销的海量数据，对数据进行深度挖掘，可得到更加有效的信息。数据挖掘不仅可以揭示数据背后隐藏的客观规律，而且可以对将来进行预测性分析。利用大数据可以尝试分析不同学院教师的报销数据，以及教师在报销过程中遇到的问题，从而了解教师对当前报销政策的理解和贯彻情况，并可在其他教师对同类项目进行报销时进行关联性指导。例如关于教师报销其参加国内外会议的差旅费，利用数据挖掘技术，可以对全校教师的该项报销类别产生的数据进行综合分析，归纳出报销过程中存在的问题和具有预测性的内容。这样在其他教师进行差旅费报销时，可关联性地给出相关教师报销时发生的问题及解决办法等（如会议注册费所需文件、支付凭证、公务卡刷卡记录、补助领取等），达到有效避免报销材料准备不充分、数据录入不准确等问题的良好效果，真正实现报销效率的不断提高。

通过报销凭证大数据的分析与追踪，实现对财务报销的监督管理。大数据时代中的凭证资源除了大量的文档外，还涵盖了海量的数据，因此报销凭证数字化和数据化是大数据平台的重要工作。大数据平台的主要工作有两个：其一，用扫描仪或相机对报销凭证等各类报销纸质资料进行数字化采集及加工，并通过光学字符识别技术进一步把数字化凭证升级为数据化凭证，丰富凭证大数据的数据资源。在财务人员或报销人员需要调用凭证时，能够迅速通过数据库系统实现调用及查阅，极大地节省了财务人员的时间和精力。其二，通过文本检索信息处理数据库管理系统，加大对大数据凭证的收集和分析，发挥凭证大数据的价值。通过对凭证资源的数据挖掘，根据高校教师的报销信息，获取其中的规律、建立财务报销预测及警示模型。例如通过大数据，以每位教师工号为信息分析点，关联其各报销项目的类别、金额、发票、转账单位等信息，进行合理化数据归类，就可以迅速发现其在报销过程中的违规问题、从而杜绝高校教师非法套取科研经费的现象，为高校财务审计提供了有效协助。

通过全校报销大数据的数据分析，协助财务管理与审计。高校在财务报销方面的数据包括日常教学经费、科研经费、医疗经费、国家财政拨款、学费及住宿费等。这些数据涉及高校教学科研的方方面面，因此对全校财务报销大数据进行统计、汇总、管理、分析、开发，能够优化高校的资源配置，增加高校资金使用效益，提高高校的成本核算意识，提升高校财务管理和审计水平，助力高校可持续健康发展。

3．基于大数据技术的高校财务报销创新过程中面临的挑战

（1）大数据技术层面面临的挑战

搭建基于光学字符识别的票据识别平台，实现报销票据的自动识别。在大数据背景下，针对财务报销过程中提供的大量发票，搭建基于光学字符识别的先进票据识别平台，可对发票进行自动图片扫描、快速数据录入、自动识别及存储等。

光学字符识别主要包括图像预处理、文字特征抽取、对比数据库、对比识别、字词后处理、输出结果。根据自动扫描的发票图片，光学字符识别平台通过系列图片识别手段将发票中的金额、货物名称、发票代码、纳税人识别号、发票专用章等转化为财务数据，形成数据电子存档，从而节省大批人力资源，资源配置得到优化，还可使财务人员从烦琐的机械式工作中解脱出来。同时，光学字符识别平台将需要验证真伪的增值税发票提交到国税总局查验平台验证真伪，并反馈记录结果。

（2）高校财务层面面临的挑战

虽然现阶段高校财务报销的数据规模尚可，但是数据仅局限于高校所有教师的历年报销数据，相对其他领域大数据的应用（如电子商务、社交领域等）来说

仍然较小，数据来源仍然很单一，区域性或全国性的高校财务联网信息系统还没有搭建。这些都给创新性的高校财务报销系统的广泛应用带来了机遇与挑战。

如今，我们身处在大数据时代，高校的财务管理工作需要与时俱进，才能更好地适应信息技术的快速发展。财务报销是高校财务管理的重要环节，本节将大数据创新性地应用于高校财务报销系统，充分利用大数据和人工智能技术，突破传统的财务报销方法，实现高校资源的不断优化，提高财务报销效率和财务管理水平。然而，基于大数据技术的高校财务报销工作仍将面临很大的挑战，并且将在一段时间内与传统的财务报销方式并存。随着大数据技术的不断发展，大数据技术在财务报销工作中的应用将推动高校财务报销和财务管理的发展。

第五章　高校财务管理的模式创新

时代在发展科技在进步，高校的财务管理的模式也应该与时代接轨。本章为高校财务管理的模式创新，主要从两个方面进行详细阐述，分别是高校财务管理的模式现状和高校财务管理的模式创新实践。

第一节　高校财务管理的模式现状

一、高校财务管理模式的概述

所谓高校财务管理，指的是高校根据国家的法律法规、地方的规章制度，在办学方针的指导下，将实现学校的办学目标作为核心，对各种财经活动进行组织，对各种财务关系进行处理的一种管理活动。高校财务管理包含很多的内容，具体为：机构设置、经济政策、预算管理、资金管理、财务分析与预测、组织收入与组织内部控制等。所谓的财务管理体制，主要依托于一定经济制度，对高校财务活动中各个方面所采取的一系列的组织和管理方式的总称，具体内容涵盖设置财务管理机构、划分管理权限、制定财务制度等。高校财务管理模式中包含着财务管理体制，也包含着财务管理及财务运作过程中所出现的制度和办法。高校预算分配模式，是指高校内部参与预算经费配置管理的各要素之间的组织联系及运行机制。由于各大高校内部在经费的分配机制和管理权限的划分上的不同，实际工作中高校的预算分配模式也有所差异，但在一些具体的分配方式上又有着相似之处。

（一）高校财务管理模式的分类

1．统一领导下的集中财务管理模式

在统一领导下的集中财务管理模式中，非常强调学校的统一领导，主要指的是学校层面在学校的统一领导下，对高校的整体财务工作进行集中和统一的管理，在学校的实际教学情况、行政工作情况及其他工作的具体情况的基础上，对各项经费进行统筹安排和使用。这种模式建立的前提和基础是对高校财务管理的整体控制，对学校的财政预算进行统一编制，确立统一的学校的经济与财务管理的指导思想，实现对高校资源的有效配置，促进对资源的合理使用，最大限度地发挥功用。统一领导下的集中财务管理模式的统一领导还体现在对高校的财务核算与审批权的集中和统一管理，对高校财务管理的制度的集中管理，对高校财务执行的统一和集中管理。

高校如果实行统一领导下的集中财务管理模式，就需要设置一个专门的、统一的财务部门管理高校中所有的经费与财务活动，比如财务科（会计部）等，并且对学校中的所有与财务有关的事务进行管理。所有的财务活动包括学校的其他部门和二级院校的财务活动，这些都应该受到财务科（会计部）的审核与管理，实现对高校财务权力的集中和统一。仅设置这一个专门的机构，不设置其他的同级机构，同时在二级学院中也不会设置会计部门。

2．统一领导下的分级财务管理模式

通常来说，统一领导下的分级财务管理模式在一些具有较大规模的高校中使用，主要是在高校的统一领导之下，以学校统一制定的财务管理制度为实施依据，对权力进行划分，同时对于学校层面和各单位层面的财务活动进行分级管理，在统一领导下的分级财务管理模式中，依托于高校内部的财务制度，各个二级学院及部门可以根据现实情况对资金、预算、资源进行合理的配置和使用。

统一领导下的分级财务管理模式并非是说二级院系和二级部门拥有高校财务管理部门下放的权力，仅仅是将财务管理的权限进行下放，对于二级院系和部门来说，实际上其并没有拥有经费。高校的一级财务部门会对整个学校的实体资金进行统一的管理，对预算的资金进行监督。二级院系在进行财务管理的时候可以对财务的规章制度进行合理制定，但是这建立在高校的统一领导之下。

统一领导下的分级财务管理模式中，对于资金的分配，其中有很大一部分是在校级层面上对资金进行统一的规划、管理、使用，二级单位仅有有限的自主权，可以对学校分配的资金或者是自己创收的资金等这一小部分的资金进行支配。高校中，主要的资金调度使用是由学校来完成的，主要用于对教职工的工资发放、水电费支出等，对于高校中的大部分开支都是受到学校及其职能部门的控制。对于各个学院来说，其只有有限的自主权，可以对其控制的开支制定相应的财务规章制度及实施办法。

高校向二级学院划拨办学经费，具有两种模式：一是切块法，二是直接将财政预算划拨给各二级学院。首先，切块法，根据财政预算项目，学校财务部门进行整体预算，将各个项目的预算经费下发给各个相关的职能部门，由各个职能部门将项目经费中的大部分分给各个学院，其他剩余的部分暂时留下，以备不时之需，进行宏观调控之用。这样的模式有一定的不足：一是对于各个项目中的费用，学校财政预算很难进行准确的、科学的、合理的确定；二是学校财务部门将预算下发给各个职能部门，职能部门并不会对经费进行全部发放，会留取一部分以进行宏观调控，这就导致分配到学院中的经费金额出现明显降低，这就导致在核算的时候很难按照教育成本进行核算；三是对于学院来说，其办学的经费来自不同的职能部门，因此，很难进行统一的使用和规划。其次，高校把办学经费直接划拨到学院。生均定额法是主要的分配方法，换句话说，主要是由高校财务部门以学院在校生人数为依据和基础，进行办学经费的学院分配，以每个学生为产出确定其经费投入成本。用生均定额分配方法的优点是计算比较简单，容易被二级学院所接受。缺点是容易造成学院之间贫富差距悬殊，某些基础学科和缺乏创收能力的学院产生人员经费和公用经费的开支紧张；使学校宏观调控能力减弱。

二级学院通常不设财务机构，由学校财务处统一管理。二级学院的可控经费主要由四部分组成：学校分配的学院经费，包括部分人员工资、学生经费、教学业务费等；学生学费收入；学院的创收收入，包括各类办班、对外服务创收等；学院的其他收入，包括学院获得的捐赠收入，附属单位上缴的费用等。学院的科研经费由学校直接划拨到相应的项目组或教师手中，不受学院支配。由此可以看出，二级学院可以进行实际控制和使用的经费是非常少的，这对于学院的资金配置的效率会产生不利的影响，会阻碍学院及学校的长远发展。

这样的模式实际上是将学院作为成本以及利润的中心，是一种依托于分散财务权利和财务责任的财务管理模式。高校在拿到政府的拨款之后，会将经费直接分配给各个学院，所有的经费都在各个学院手中，因此，学校按照相应的比例收取各个学院所获得的经费。学校会将收取上来的经费一部分用于高校的财务管理工作，一部分会用于学校的公共费用，比如发放校部人员的工资、对校舍进行维修、维护公共关系、进行校友联络等。对于各个学院来说，在其编制预算的过程中，院长具有很大的资金使用权。当然，也存在一些高校在获得政府的拨款后，先扣除行政经费，之后对剩余的资金进行分配。对于二级学校，高校进行宏观的管理，会根据各个学院的理财理念落实学院的责任，积极落实预算经费的会计核算工作，不仅如此，还会进行会计信息查询等一系列的会计服务工作。

尽管在这种模式下，仍然是由学校实行统一领导，但学院也拥有大部分的财务决策权，学院可以按照本学院的事业发展的要求，对学校分配的各种经费和创收留成收入进行使用、调整、核算。学院在分散管理模式中可以直接参与到预算的制定过程中，参与到资源的使用过程，这就使得各个学院对资源分配和经费预算更加具有灵活性，不仅如此，还会让权利得以分散，使得信息成本得到降低，可以解决资源不足产生的一系列的问题。学院的财务管理一般采取责任中心管理的模式，责任中心管理模式允许院长对学院的预算进行控制，也就是说，院长可以独立于学校自由地使用资金，并对学院的资金使用情况负责。二级学院成为相对独立的办学实体，学院的责任中心管理要有明确的责任目标和责任指标体系，以保证各部门所承担的经济责任的落实。责任中心的不同，也就有不同的责任指标性质和责任指标内容。就责任来说，虽然有着责任中心的责任是很难实现完全的量化，尽管如此，还应该明确各个责任中心的责任指标体系。首先应该确定牵头指标，牵头指标应是一个具有综合性的、可以对责任中心的基本业务进行明确反映的、有着明确的责任界限的指标。之后在此基础上进行细化，将牵头指标分解为责任指标体系。

（二）高校财务管理模式的构建目标和原则

1. 高校财务管理模式的构建目标

系统要保证良性循环，正确的目标是重要的前提和先决条件，构建高校财务管理模式就是需要在高校中构建起正确的、恰当的财务管理的制度、财务管理的机制、体制以保证高校财务管理目的的实现。高校财务管理模式的构建目标至少包括以下几点：有利于增强高校的宏观调控能力；有利于学校集中财力，增强办学实力；有利于高校财权和事权的统一，便于管理。

2. 高校财务管理模式的构建原则

在市场经济条件下，由于各高校的隶属关系、办学模式的不同，财务管理模式也必然不尽相同，但是高校财务管理模式的构建必须遵循以下原则。

（1）坚持“宏观调控，微观搞活”的原则

因为在当前分级管理模式下，高校各单位不是独立于学校财务管理部门的分散自主的财务，而是在学校宏观控制下的分权分级的财务，因此为了避免高校财务管理模式在计划经济条件下出现的不足和弊端，在财务管理模式确立时必须坚持“宏观调控，微观搞活”的原则。

（2）处理好责、权、利的关系

集权与分权的关系是高校财务管理模式的核心问题，因此要把学校的统一领导和基层单位的独立自主有机结合起来，使资金既能在宏观层面得到有效的利用，又能保证基层单位获得一定的财权，承担一定的责任，调动学校和基层单位两方面的积极性。

（3）与市场经济环境相适应

随着我国市场经济的不断完善，高等学校的资金不仅仅来源于政府或主管部门的投入，而是资金筹措渠道逐渐增多，资金额度逐渐加大。因此，高校财务管理模式也必须适应新形势，在财务管理工作中导入市场观念，以市场和价值规律为导向，协调学校发展过程中人、财、物等各方面的需求与供给，适应市场经济的发展。

（4）与高校的发展模式、高校的管理体系相适应

作为高校管理工作的重要组成——高校财务管理需要对财务管理的模式进行

谨慎选择，必须与高校管理体系的改革与发展相适应，必须从本学校的历史沿革、办学规模、财力大小等情况出发，选择合适的管理方式和方法，形成科学的、适应本校发展的财务管理模式，实现高校财务管理为学校的前进与发展提供支持、为学校的教学与科研提供服务的目的。

（三）国内高校财务管理模式的选择

1. 影响财务管理模式选择的因素

（1）从宏观角度看，高校财务管理模式选择受到财政拨款体制的深刻影响

高校财务的自主权和独立性受到财政拨款体制的深刻影响。当前，我国的公立高校的收入构成中，政府拨款在高校总收入中的占比高达 50 %～70 %，所以，政府拨款方式对高校财务管理模式有直接的影响。例如，因为近年来的国库集中支付改革，加之部门预算改革，使得在某些高校和某些地方院校的收入中，专项拨款比正常经费拨款要高得多。再加上国库集中支付，高校对这一部分财源的控制权很小。在对财务管理模式进行选择的时候，高校对于完全的分散制管理模式是不可能进行选择的，只能采用非完全分散制管理模式。由此可见，高校财务模式的选择与确定直接的影响因素为财政拨款体制。

（2）财务管理模式的选择受到高校经费来源的多样化的影响

当前教育事业获得了不断的发展和进步，教育改革也在持续推进，这就使得学校的经费来源由过去单一的财政拨款转变为财政拨款、事业收入和经营收入等并存。因为当前高校筹资渠道具有多元化，因此，财务核算的对象也发生了变化，由之前的、简单的资金流量核算转变为全面核算学校的资产、资金、资本。这一系列的变化使高校财务管理的职能转变为以管理为主，无论是从学校的投资、经营，还是学校效益评估、利益分配等方面来看，财务管理的职能已经拓展到参与财务决策的各个环节，这势必影响到学校财务管理模式的选择。

（3）财务管理模式选择还会受到高等教育规模的不断扩大的影响

1999 年之后，为了适应日益激烈的国际竞争，增强国家实力，我国对高校招生人数实行了扩大，这必然会加大对教育经费的投入力度，虽然我国加大了中央和省级财政对教育经费的投入力度，国家财政性教育经费总量占国内生产总值的

比例不断提高，但仍存在一系列需要解决的问题，如高校学生人数大幅增加导致教育经费不足；政府很难大幅增加高等教育拨款；高等学校学生资助制度有待完善等。在这种情况下，要想实现高等教育的快速稳定发展，就需要在高校的财务管理模式上进行探究，将资金使用的效益提升到最高。

2．财务管理模式的现实选择

每一所高校在选择财务管理方式的时候，都要以自己的特点为基础，确定适合自己的财务管理模式。对于一些规模较小的高校来说，因为有限的资金和工作人员，所以为了降低控制层次，提高工作效率，就需要将资金集中起来，可以实行扁平化管理，但在财务策略上仍然应该采用集中的财务管理模式。对于规模较大的高校，规模的不断扩大，导致资金量不断增加，因此，高校财务管理模式的选择目标应该是分散管理模式。但由于学校对政府下拨的项目经费没有调控的权利，也就是说，项目负责人是项目经费的主要执行人，需要专款专用，并且进行国库集中支付。因此，目前实现完全分散的财务管理模式也就不太可能了。

就当前我国大部分高校来说，财务管理模式基本上为非完全集中模式，校级财务控制权比院级财务控制权大得多，这与当前的扩大办学自主权的要求是不吻合的。为了改善这种情况，在一些规模较大的高校中已经提出或者正在实施校院两级管理，但就当前的现状来看，这仍然是一种非完全集中的管理模式。就当前我国高校在财务管理方面存在的问题，以及当前高校财务管理的现状，作者认为在当前我国大部分的高校中，非完全分散的两级管理模式是财务管理模式的最佳选择。非完全分散管理模式有着非常突出的优点，对经济责任制进行了落实和明确，对各个院系的责、权、利关系进行了明确，并且体现了事权和财权相一致、责任与利益相一致、办事与用钱相一致的原则，在此基础上使各个院系实现了自我完善和自我发展，积极调动了各个院系节支理财的积极性和主动性。鉴于当前在我国的教育领域中，教育经费的使用效益并不高，存在严重的损失和浪费的情况，非完全分散管理模式就具备了非常重要的现实意义和作用。

（四）国外高校财务管理模式借鉴

1.美国高校财务管理模式

美国是世界上规模最大的高等教育国家，美国对教育的发展给予了高度的关注。近几年来，美国政府对高等教育的重视程度越来越高，将高等教育的预算放在了首要位置，对高校投入的经费始终保持在国民生产总值的百分之二点五以上，根据研究，美国高等教育的发展离不开政府的稳定性投入，也离不开高校的多元化、多渠道筹集经费。美国公立大学的资金经费来源主要有两个方面。一是 Budgeting Funds，即预算收入。包括联邦政府、州政府和地方政府三级拨款，有一般性的拨款也有专项拨款；学费收入；捐赠收入；社会服务及商业性收费收入等。二是 Extramural Funds，即外部收入。包括联邦政府、州政府、地方政府、私人企业的科研合同拨款。最近几年，美国的高等教育得到了长足的发展，高校收入中政府拨款所占比例不断下降，因此，公立大学一直在寻找更多的资金来源，寻求更多的渠道来进行办学经费的筹措。美国的高校一方面对政府的投资进行积极的争取，另一方面进行自我创收，比如收取含留学生学费在内的学生学费，利用学校的场地、设施及技术转让等进行创收。高校这种通过多渠道的经费筹措工作有着非常明显的成效。在当前的很多高校中，都设置了筹资办公室作为专门的筹资机构，主要负责对筹资事务的管理，此外，校董事会也是高校进行资金筹集的机构。自从耶鲁大学在 1890 年创设了第一个校友基金会起，便形成了一种普遍的做法和社会现象——高校设立基金会向外界筹资，之后成立的公益性的慈善基金会（洛克菲勒基金会、卡内基基金会、福特基金会等）也渐渐成为高校资金的重要来源渠道。此外，美国政府还允许高校通过债券方式进行资金的筹集，因为民众购买高校发行的教育债券有着较大的社会效益并且风险较小，还能享受税收优惠，因此，债券受到了民众的青睐。这为高校扩宽了筹资渠道，增加了学校的资金收入。

就美国高校的财务管理模式来看，主要可以划分为两种类型——集中型和分散型。集中型的财务管理模式一般是美国的公立大学所采取的财务管理模式，将财权集中在学校这一级别，学院在向学校申请之后，经费会纳入校级的预算之中，校级会向州政府申请预算拨款，同时，学校的预算应该报州政府后获得批准才能实施。

一般来说，美国的私立大学都是属于分散型的财务管理模式，在高校中，基本上由下设的学院对大部分的经费进行直接管理，校部会对各个学院上缴的占有较小比例的经费进行统筹规划，主要用于高校人员的工资发放，建设校舍，以及其他的公共财务支出。

作为高校的办学实体和重要的管理重心，学院在财务上保持相对独立的核算可以让学院具有很大的办学自主权。责权利分明是分权管理模式所具有的突出优势，这非常有利于财务预算管理活动的开展，同时对高校对于各个学院和附属单位的考核也非常有利。需要特别注意的是，美国高校的董事会为了防止出现分权管理所产生的负面影响，秉承集中决策、分散经营的办学思想，也就说董事会会根据高校的办学情况及发展的规划，对学校的预算资金进行审核，对资金进行统一管理，与此同时，各个学院（系）可以相对独立的管理人、财、物，具有一定的管理权。财务政策的严格和规范制定，对于各个院系的财务管理工作进行全程监督，这样做，一方面可以保证高校可以实施正确的发展战略，另一方面可以保证发挥和调动学校中的基层组织的积极性和主动性。

2. 英国高校财务管理模式

在英国，大部分的高校都是公立的，而这些高校的资金来源、办学经费主要都是来自政府，所以在 1992 年，英国政府就设立了高等教育拨款委员会（Higher Education Funding Council for England，HEFCE)，主要的任务就是将这些资金发放给各大高校。成立的高等教育拨款委员会成为了国家政府与高校之间的桥梁，起到了缓冲器的作用，高校可以不再因为经费的问题受到政府的干扰。对于英国的整个高等教育体系来说，高等教育拨款委员会为其提供了全部资金的约百分之四十，这也意味着高等教育拨款委员会是高等院校资金来源中最大的一方。对各高校的拨款，高等教育拨款委员会主要有两种形式：教学拨款和科研拨款。首先，教学拨款，这种拨款的形式主要取决于各大高校的学生数量和所开设的学科；其次，科研拨款，主要是将科研质量作为参考标准，科研的质量越好，经费分配的比例就越高。高等院校资金来源中有一部分的经费主要是包括学费、捐赠、科研合作、培训服务及其他收入等在内的自筹收入。在英国，高校自筹收入所占的比重正在逐年上升，在自筹收入中，教学收入和科研合作收入这两项所占的比重最大，教学收入主要是指学生的学费收入，其中海外学生的学费收入占绝大部分。

英国高校实行的是学院模式的教育资源分配模式，而政府则容许高校实行学院制的自我管理，从而形成了学院为主导的高校办学特点和高校发展管理特色。英国的高校，尽管其经费主要来自于政府，但是在高校的财务管理方面，政府却采取了只补助不控制的方针与原则。拨款委员会主要负责对高校的公共经费的分配，处于高校和政府之间，这就减少了政府对高校的干预，让高校保持自主、独立的传统。在内部的资金分配方面，高校非常注重绩效评价的理念，以此来保证资金分配的公平公正、提高资金的使用效益。

高校的财务管理分为三级——校、院、系，校长、院长和系主任分别对其受到委托的财务管理的范围进行管理。校长对学校的整体预算进行管理，校区教务长对校区预算进行负责并管理，将经费分配给各个学院，系主任对本系的所有开支进行掌握。为了保证财力的集中，需要学校只开设一个银行账户，各个二级学院和其他的单位不能开设银行账户，只能进行计算机结算。与此同时，为了提高二级学院的独立性和自主权，可以将预算经费和项目经费的支配权进行适当的下放，各项支出的监督主要由高校财务来负责，严格禁止超支；若学院资金短缺，则可先向学校借支，在下一年度的时候进行扣除，如果在下一年度依旧出现了超支，则需要将该校区的教务长进行替换，主要原因在于教务长的职能之一就是依据预算对支出进行落实。

“问责制”是英国高校财务监督的主要方式，一般是经济责任制或目标责任制，所以在编制预算时，各部门必须把未来三年的人员编制计划、工作计划及经费支出计划详细地呈交财务处。在年度中期和年度末，审查预算执行情况，以便于修正预算执行情况。每一年年底，每个部门都要向财务处递交一份本年度的工作总结，方便财务处评估各个部门是否完成了自己的承诺，是否在经济活动中达到了最大的效益。

当前，世界上大多数高校都是分权式的管理模式，高校在人事、财务、管理等方面的自主权下放给学院或系。作为高校的办学实体和管理的重心，学院在财务上处于相对独立的核算单位，因此具备一定的办学自主权，有明确的责任、目标和发展方向，在责任、权力和利益等方面，各级职能部门有着明确的责任划分，承担自身的责任，有着明确的权力和利益之间的关系。学院可以自行管理本学院的收入和支出，包括人员工资和奖励等，自行编制预算。产出是预算管理的导向和目标，预算编制与责任和效益有着紧密的联系，在资金的分配上主要目的在于提高效率和获得最大的使用效果，对于预算执行结构的考核非常注重，强调预算过程中的民主化，会对基层的建议进行充分的吸收。预算管理有一套严格的程序，预算一经确定，如需追加，必须经过严格的审批程序。零基预算法是基本的预算分配方法，责任中心预算在一些高校开始逐渐盛行，实行经济责任制，院长对学院的收入、预算、支出负责，提高了学院办学的积极性。

在国外，责、权、利分明是高校分权管理模式具有的突出优点，一是有利于激励各方对财务预算进行积极主动、富有创造性的管理；二是这种模式有利于高校对各个学院和附属的单位进行全面的考核。虽然具有以上的优势，但是这种管理模式也存在一些突出的问题和不足：其一，学校在分权的学校管理体制下，并没有属于自己的收入，其主要的收入依赖于各个学院、销售服务中心、资源中心所创造的收入所缴纳的一定比例的收入；其二，为了保证学院的财政收入和支出能够维持在一个水平线上，学院院长在财政上也有很大的筹资压力。没有哪个部门愿意把自己辛苦筹集的钱上缴给学校，或者让学校从中抽取一定比例的提成，更没有哪个部门愿意属于自身的责任中心的资源用来资助学校一级的项目。但是，就整体而言，这种的财政管理机制与分权制管理体制之间是相适应的，而其中的一些问题也可以随着政策的不断调整而得到改善和解决。

所以，在目前的形势下，我们不能单纯地模仿国外的高校分权式管理，但是在分权式管理中所蕴含的一些思想和理念却值得我们学习和借鉴，比如，各级职能部门尤其是学院需要对责任目标进行明确，对发展方向进行明确；在各级职能部门及员工之间有着明确的责、权、利划分，对于所承担的责任、权力及利益之间的关系进行明确；对基层组织的作用非常重视，积极调动基层工作人员的积极性和主动性。

二、高校财务管理模式的实施现状

目前，财务管理模式在高校中广泛采用的有两种：一是统一领导下的集中财务管理模式；二是统一领导下的分级财务管理模式。两种财务管理模式都是伴随着我国经济社会的发展、高校规模的扩大和水平的不断提高逐步应用的。

与政府层面的法律法规一样，高校财务管理模式的实施，也存在着责、权、利不统一的问题。在社会制度变迁中，权、责、利三者的失衡往往会导致秩序和效率的丧失，形成巨大的制度漏洞。而且制度性的责、权、利脱节，会使高校的财务管理在出现问题以后，相关部门推诿扯皮，责任难以认定。这是我国高校财务管理模式在制度设计上存在的明显不足，使其在实践中也难以操作。在高校中，各二级单位虽然也有比较清晰的内部经济责任制度，也有年终考核，但是，这些考核常常是有名无实，考评结果也是皆大欢喜。设备的管理不善、丢弃，资产非正常报废、被盗，重复建设、盲目建设的基建项目不查不问、无人负责，甚至在高校因某些人的工作失职产生几十万、数百万甚至上千万的严重经济损失时，当事人往往也只是受到象征性的经济处罚。尽管高校已经建立了纪检、监察、审计等部门，但是对于各个部门在监督经济责任制度中的具体责任很难进行落实，没有明确的责任划分，没有对责任进行细化，这就导致出现了责任无人追究、无人负责的现象。

当前，在高校财务管理中，非常重视核算，忽视管理，并且缺乏分析。当前很多的高校在财务管理上还停留在之前的传统模式上，也就是报账型会计，是一种长期以来的习惯性记账、算账、报账，并对内或者对外进行历史数据的提供，对全校的财务活动并不能进行深入的预测和分析。这样的结构一般会造成事前控制较少，非常多的事后算账情况，形成一种非常被动的局面，在这样的情况，财务管理就很难将其对全校财务活动的作用进行充分的发挥，也没有办法为领导和各级管理人员提供有用的参考数据和资料。

最近几年，随着高校管理的逐步强化，高校财务人员的整体素质得到了很大的提高，然而，在目前的阶段，高校财务面对着数量巨大、种类繁多的经济业务，如果依旧采用比较落后的财务管理手段，或是财务人员使用相对落后的管理手段，就很难达到“算好账”的目的，实现高效的财务管理的目标遥遥无期。

第二节　高校财务管理的模式创新实践

一、高校财务管理模式创新实践的基本原则

（一）坚持“宏观主控，微观适调”的原则

在计划经济条件下财务管理模式具有一定的不足和弊端，为了克服这一弊端，在确定财务管理模式的时候应该秉持“宏观主控，微观适调”的原则。学校各单位在分级管理模式下是分权分级的。在学校宏观控制下的部门，并非是独立于学校财务管理部门的、自主的、分散的部门。宏观管理在整个高校的财务运行过程中一直占据主导地位，指导和制约着分级管理。

（二）处理好责、权、利的关系

构建高校财务管理模式的关键问题在于要正确处理好学校集权与分权之间的关系，实现学校领导的统一性与基层单位的独立性相结合，这样才能在宏观上实现对资金的高效使用，同时也将一定的财权赋予了基层，让学校和基层共同担负起与之所承担的管理相适应的经济责任，从而充分发挥和调动学校与基层双方在生财与理财方面的主动性和积极性。

（三）与市场经济大环境相适应

在我国社会主义市场经济体制逐步健全的今天，高校经费来源从原来的、单一的、政府或主管部门的收入模式发生了转变，资金筹措的渠道变得多元化，对于资金需求的额度也在变大。高校的财务管理的模式也应该积极适应这一新形势，紧跟时代的步伐，在财务管理中增加市场观念，将价值规律和市场作为财务管理的导向。对学校中不断发展的人、财、物等各方面的供需进行调节，以适应不断发展的市场经济。

（四）与高校自身的管理体系、发展模式相适应

在高校管理工作中，财务管理是非常重要的一个环节，所以，财务管理模式

一定要紧跟和适应学校的管理体制，紧跟和适应学校的改革和发展，站在学校的办学规模、管理模式、教学模式、财力大小，甚至是历史沿革等角度选择财务管理模式和管理方法，在此基础上形成高校自身科学的、独有的、适合本校发展的财务管理模式，不断支持和支撑学校的改革与发展，实现为高校的教学和科研进行服务的目的，推动高校各项事业的蓬勃发展。

二、高校财务管理模式创新实践的基本思路

（一）建立高校新的管理机制

1. 规范政府管理行为，提高高校的法人意识

在当前的环境下，政府应积极营造有利于高等教育健康发展的制度环境和法律环境，健全教育市场的竞争机制与规则等。高校的自主办学，既需要政府的“松绑”，也需要高校自身具备法人意识。高校对于内部的管理应该建立与市场竞争相适应的现代管理制度，并紧随时代的发展、国际竞争的发展及市场经济的发展不断发展变化、完善。当前，高校发展的总趋势是从政府控制走向市场制度运作。

2. 健全和完善高校的自我约束机制

对高校的自我约束机制进行完善和健全，可以有效调动高校自主办学的积极性，调动自主办学内在自律行为，这比外部职权更加有效。所以，高校依托于自身的办学原则，在此基础上对自我约束的管理机制进行完善和健全，让高校按照市场经济的要求，在社会经济发展的需求下，成长为自我发展、自我约束的办学实体。

（二）建立高校新的组织结构模式

1. 高校组织结构模式的设计和建设必须把直线制和职能制结合起来

高校组织结构模式的直线制，主要是对层级管理的问题及指挥统一的问题进行解决。在高校中组织结构模式中存在直线制和职能制的结合与统一，因为直线制和职能制在单独使用时会有所缺陷，因此将直线制和职能制进行结合是一种非常好的选择。直线制和职能制的有机结合一方面没有对直线制的职权进行削弱，另一方面也没有限制发挥职能权力作用，这二者的有机结合可以在统一组织层面

上各自发挥着自身的优势和作用，促进高校组织结构模式的完善，推动高校的发展。

2. 高校组织结构的设计和建设必须把集权和分权结合起来

一般而言，在高校中，校长具备决策权，尤其是在战略性、全局性、长期性问题上的决策权；对于各院系来说，需要在授权下，对所管辖范围的经费使用情况及教学进行管理。身处信息时代，在信息掌握上，上级部门和下级部门基本上是同步的，但是上下级部门所关注的角度和关注的问题是有所差异的。一般来说，上级部门会站在全局性的角度来进行问题的决策，下级部门需要在上级部门的规定和决策下贯彻落实和执行下一步。因此，如何将集权和分权有效地结合，就成为了高校在设计组织结构时必须要考虑的一个重要因素。

3. 优化高校管理的环境

要想实现建立市场经济体制的目标，首先应该为制度创新营造良好的制度环境，同样，要想改革和创新高校财务管理模式，也应该将高校的内部环境和外部管理环境进行优化和改善，以此来为制度的创新和实施打下良好的基础。所谓管理，是指以一定组织为纽带、以协调活动为中心的管理主体与管理客体相互作用的规范形式和有序结构，是一种制度体系，核心是人，是对人行为的一种“规制”。但是，依旧有很多的高校的领导者对于财务管理中的集中与分权问题没有正确的认识和正确的对待，这阻碍了高校财务管理成为科学的管理模式。建立责权利平衡的宏微观管理环境，将市场机制中管理手段和原则引入其中，尽可能降低计划经济体制的影响，不断激活和提高高校的办学活力，增强高校的竞争力。就高校财务管理而言，主要包括以下几个方面：①改革高校经费管理办法，在除正规本科学历教育以外的其他教育收费上给予高校一定的定价自主权。②在学校一级和二级单位间建立权责利对等的财务管理制度，解决目前高校存在的制度性责权利脱节问题。③将高校学费中的“收支两条线”管理制度进行废除，提高资金的使用效益。④对高校的资金支配权进行扩大，放宽对高校实施的“国库集中支付”“政府采购”等制度。⑤加强信息网络建设，提高高校财务管理信息化水平。

4. 创新高校财务管理的理念

“在营利机构，创造财务上的利润，是一种目的；而在非营利组织，它则是一种手段。"[①]高校作为培养人才的重要场所，在市场竞争环境中要战胜对手，实现可持续发展，不能像企业那样经营，但必须吸收企业财务运营中的优秀理念，比如风险意识、可持续发展、精细化管理等，并将其体现在财务管理模式的创新上。

首先，高校在市场竞争环境下的生存、发展，将绩效作为导向，在进行效益管理的时候将社会效益最大化和经济效益的最大化作为目标，而不能仅仅局限于对预算资金收支的管理。

其次，在高校财务管理模式的创新中必须考虑风险因素的影响，树立起正确的风险观念，同时制定的财务风险防范机制应该具有有效性、科学性。

再次，随着高校经费来源渠道的日趋多元化，高校要树立新的融资观念，科学引导资金流向与融资资金，发挥资金的最佳使用效益。可持续发展也是经营化理念的重要部分，财务管理要为高校的长期、稳定、可持续发展服务，要不断优化教育结构和资源配置，增强高校的发展实力和后劲。

最后，还要树立精细管理的财务理念，在高校的内部预算、会计核算、收入支出管理、资金及借款等财务管理活动中全面实施精细管理，采用量化指标进行财务控制。

5. 丰富高校财务管理的内容

为了改变我国高校财务运行中长期存在的"重核算、轻管理"现状，必须丰富高校现有的财务管理内容，这也成为高校发展的迫切要求。比如，在高校筹资渠道不断扩大、政府拨款以外资金来源不断增加的形势下，将评价资金风险、计算资金成本、控制举债规模等筹资管理指标增加到高校财务管理指标体系中；在高校为了在市场竞争中站稳脚跟，必须不断增加基建、教学设施和科研设施投资的形势下，将与投资相关的投资收益、内含报酬率等项目可行性论证指标纳入高校财务管理指标体系中；将对高校会计报表及其他有关资料进行的财务分析具体内容，根据学校财务运行和财务管理状况的不断变化进行适时调整；在资金使用上严格执行预算，增收节支，使资金得到高效率的运用；在高校内部实行相应的激励分配机制，充分调动二级财务管理的积极性、主动性和创造性，提高资金的

① 王建华．对大学制度改革模式的思考[J]．大学教育科学，2007（02）:38–42.

使用效率；完善固定资产的折旧制度、专用基金核算制度、对外投资明细核算制度、借入款项的考核评价制度等；丰富现有高校财务报表及附注，增设现金流量表、学生教育成本分析表等报表，并提高会计报表附注信息质量；遵循财务管理的成本效益原则，提高教育投资的效益，寻求降低教育成本的最佳途径。

三、新时代高校财务管理模式创新实践的路径

（一）高校财务管理模式创新实践的组织保障

1. 加强财务管理组织机构建设

当前，我国基本上的高校都采取了统一领导、分级管理、项目控制、集中核算、绩效考评的财务管理体制。在统一领导，集中管理或分级管理的大背景下，不管是规模较大的还是规模较小的高校都采用了权责明确、管理活跃、机制灵活的、科学的财务管理制度，以适应当前的社会经济环境和市场需要。

（1）集中核算

高校应该遵循“统一要求、集中调配”的原则，要求财务部门对所有的资金的收付进行集中管理，校属各部门不能自行确立收费的项目及收费的标准，更不能出现自行收费、私自管理资金的情况。只有这样才能一方面在资金的进口上对学校所有可支配的资金进行控制，另一方面，可以在资金的出口上对学校的可支配的资金进行管理与控制，进而让学校的资金实力得到提升，提高办学能力，将原本的重视核算轻视管理的做法转变过来，重点加强对学校资金的运作情况的管理，不断拓宽资金的来源，对资金的应用方向进行控制和管理，不断加强事前的资金管理、事中的资金管理、事后的资金效益管理，使得财务管理在高校经济管理中的核心作用得到充分发挥。

（2）项目控制

当前，我国高校实施的是全面的预算管理和项目控制，主要是将预算编制作为前提和基础，将绩效评价作为手段，以结果应用为导向，实现了对全校所有的资金和业务活动的全覆盖。在每一年度编制预算的时候，应该坚持以下原则：统筹兼顾原则、收支平衡原则、勤俭节约原则、积极稳妥原则、事权与财权相匹配

原则，对权、责进行明确并进行层层分解和落实。同时，在人员的经费方面，实行定员定额管理，精打细算；此外，对于项目的经费还应该使用多种形式，比如内部评审、专家评审等；充分论证项目的合理性、必要性、绩效性，对资金的支出结构进行优化，对支出的项目进行细化，强化项目目标的管理。

高校立足于学校的整体资金来源，在各种资金需求的基础上，对高校全年度的收支金额进行科学合理的确定，并且以此为前提，对每一项资金的来源和使用设置具体的项目名称，并且安排具体的金额，在实际的执行过程中应该对此进行统一的监管和核算，对于挪用、超用、无预算项目开支资金的情况坚决杜绝，将资金的预算真正做到位，即管理要到位、控制要到位、核算要到位、使用要到位。

（3）绩效考评

高校为了达到“权利到位，责任到位，效益到位”的目的，应该按照管理的不同层次，构建起学校和部门负责人的经济责任制，并且对相应的经济效益考核评价与奖惩机制进行建立和完善。高校应该设置专门的部门进行监督和考核，主要是针对改革部门的经济责任的履行情况是否达标，全面监督检查所开展的各项经济活动的绩效情况并进行考核与评价，对在经济管理过程中的一些问题和不足及时找出并寻求原因，对违规用款行为进行堵塞，对财经纪律进行整肃。

对于校属各部门的业绩进行科学、合理的考核与评价，可以借助控制源头、监管过程、有奖有罚、绩效评价等措施来实现，实现高校财务管理的有序进行，使得高校财务管理做到控得到位，管得有效，奖得有用，真正落实高校内部的责、权、利。

2. 收付实现与权责发生相结合

权责发生制反映了收支的配比关系，它揭示了收支之间的内在联系，这对高校加强其内部经济管理、改善其对社会和事业绩效的评估都有很大帮助。在高校经费来源、经费使用方式多元化，加强对教育成本的管理核算的基础上，实行权责发生制是当前高校经费使用的必然选择。但由于高校自身的特殊性，会计核算基础需要与之相适应，故而，不能将权责发生制完全作为高校会计核算的依据和基础。作者认为，高校可以在采用收付实现制的基础上，根据学校的内部管理需求及内部核算需要等实际情况，部分采用权责发生制，以弥补收付实现制的缺陷和不足。

（二）高校财务管理模式创新的制度保障

1. 完善全面预算管理制度

（1）对预算的执行力度进行加强，对预算的约束力进行强化

高校的内部预算管理体系应该与财务管理体制相适应。预算管理的组织体系及预算管理的运行机制，是预算执行和实现预算目标的重要组织基础和前提保障。经过审核的财务预算的执行情况，直接关系到一所高校的年度工作能否顺利完成、能否较好完成，也直接影响着一所高校的发展与计划。要实现这一目标，就必须加大预算的执行力度，对于刚性管理指标要进行强化。对于一些重大项目的资金开支，都要经过归口领导的批准、审核，并在执行的时候严格按照预算的内容进行。

（2）设立会计结算中心，实行统一的集中的财务管理

校属各单位在保证资金使用权和财务自主权不变的前提下，设立会计结算中心。在对会计进行集中计算后，需要严格按照办事的流程进行推进，对会计监管进行严格落实，从而提升校属各单位的财务透明度，进一步强化财务收支的合法性。接受学校的统一领导，在财务管理上实行全面的预算管理，对资金的进出进行统一的管理，对全校各单位的资金核算工作和会计核算工作进行统一的、集中的办理。会计结算中心应该以学校的预算为依据，以有关的合同和计划为基础，监督各个单位的进出资金及每一项结算业务是否具备合理性、合法性，使各个单位的活动都处于学校的领导之下。

（3）科学化、规范化的预算编制

在编制预算时，应按照优先次序，将迫切需要实施的、切实可行的项目放在首位，并实行专项项目的滚动预算，也就是说，对于可行的项目，如果当前安排不了的会自然滚动到下一年。每一个收支项目都要有一个合理的编制依据，要有一个详尽的、统一的定额标准，逐步实现公用经费按定额、人员经费按人数、专项经费按项目来确定的项目编制依据。同时建立起专项的建设项目库，比如，公用服务体系建设、教学基础设施改造、队伍建设、专项设备建设等，并随着学校的教育事业的发展计划进行不断完善和不断更新，让专项建设目标与学校的总体规划保持一致，对专项资金的使用效益进行提升。

2. 健全资产管理制度

(1) 建立“大资产”管理体制

高校应该建立专门的国有资产管理处，从横向上看，管理学校的所有的、各种形态的资产，比如固定的资产、无形的资产、投资资产等；从纵向上看，国有资产管理处统一管理“资产的形成—资产使用过程中的调剂—资产最后处置的各个环节和管理”的阶段，对国有资产多头管理的局面进行改善和解决。与此同时，应该建立起资产的产权产籍管理机制，建立起具体的使用管理，实现两权分离，对两权管理的流程进行规范和优化，同时加强对其的监督与制约，从而可以有效地减少和防止资产流失。

(2) 健全制度，提高管理水平，强化管理措施

对于国家有关资产管理的法律、法规和规章制度，高校应该积极贯彻和落实，与此同时，还应该立足于学校的实际情况，建立起本校可操作和可实施的一种国有资产管理制度体系，实现依法、规范、科学、高效管理，从而确保资产的安全性和完整性，并提升设备的使用效率。高校对此应该建立以下制度：一是包括论证制度和采购制度在内的资产的购置和验收制度；二是包括赔偿制度等在内的财产保存管理制度；三是包括国有资产保值增值制度在内的使用和维护制度；四是包括资产评估制度、财产出租转让制度、资产调拨制度等在内的出让管理制度；五是报废报批制度；六是统计报告制度；七是监督检查制度；八是考核评价制度。

(3) 对高校的资产管理和核算制度进行改革与完善

对固定资产进行统一分类，并对固定资产考核指标体系进行了完善。针对固定资产的分类，财务制度中的分类应与资产管理部门的分类保持一致，这样对资产的管理非常有利，也便于对账目进行统计与核对。建立高校固定资产管理考核的指标体系，在此基础上，立足于实际，以学校自身的具体情况为基础，构建出一套具有可操作性和可执行性的内部固定资产考核指标体系，进而对固定资产的合理确认标准进行明确。如果对固定资产确认的标准进行修订，应该从固定资产的使用期限、效用、单位价值等方面进行考量，提高固定资产的确认标准提高。除此之外，对固定资产的折旧制度进行推行，按照固定资产的类别、性质、使用

情况等使用适当的计算的方法进行折旧计算。

（三）高校财务管理模式创新的强化内部审计制度

1. 组织重视，制度健全

内部审计工作不管是在内部管理上还是在党风廉政建设等方面都具有特殊的意义和作用，这一点高校管理层应该有充分的认识。只要各级领导对内审工作重视，就能使内审工作得以顺利进行，从而使内审工作的质量等得到提升。高校应该建立和完善内部审计规章制度，对于审计工作应该进行定期的研究和部署，同时进行检查，对于年度工作计划和审计报告也应该及时进行审批，对于审计意见或审计决定应该督促执行，保证内部审计工作向常规化和制度化的方向发展。要健全和完善内部控制体系，健全和完善内部审计工作的报告机制，健全和完善内部审计成果的运用机制，健全和完善内部审计工作的考核机制，健全和完善内部审计人才培养机制。作为内部的审计机构及人员应该积极履行自身的职责，并提供相应的经费保证以及工作条件，协助内审组织及内审人员依法执行其职务，并为其提供资金保障及工作环境。对取得突出成就的内部审计人员和机构予以嘉奖与奖励。

2. 合理设置，增强独立性

在设置审计机构的时候应该遵循职责分明、科学管理的原则，确保审计工作所必需的专职人员编制，配备具备内部审计岗位资格的审计人员，也可以按照工作的要求，聘请特约审计人员和兼职审计人员。此外，在机构设置的时候，还应该将分管领导的岗位牵制考虑进去，提高审计的独立性。

3. 加强内部审计队伍建设

高校内审的范围很广，对内审人员的要求也很高，既要具备财务方面的知识，又要具备计算机、经济管理、工程技术等方面的知识。为此，一方面，高校应该要从外部选拔一些高水平的、具有较高专业素质和专业知识的人才，补充到内部审计工作岗位中去；另一方面，也要加强对现有内部审计人员的培训，提高现有内部审计人员的水平。也就是说，作为合格的、高素质的内部审计人员不仅需要具备专业的、过硬的业务能力，还需要具备严谨的工作作风，具备高度的责任心。

第六章　高校财务管理的体制创新

对于高校的发展而言，高校财务体制的管理具备非常重要的作用。本章从高校财务管理的体制现状和高校财务管理的体制创新实践，两个方面对高校财务管理的体制创新进行详细阐述。

第一节　高校财务管理的体制现状

一、高校财务管理体制的概述

高校只有建立和健全财务管理体制才能有效完成各项财务管理的任务。高等学校财务管理制度中，财务管理体制是重要内容和基础，同时也是重要的内部管理体制的组成部分之一。高校财务管理体制会随着高校财务关系的多元化及高校内部管理体制的改革与深化不断发生变化发展。

（一）高校财务管理体制的概念

所谓高校财务管理体制，是高校财务关系的表现形式，主要是针对高校财务管理权限的划分，以及管理机构的设置有关的体系和制度，高校财务管理体制也是高校财务管理工作的根本制度和核心内容，此处所说“体系”指的是各级管理机构；此处的“制度”特指各项的管理规范。对这一概念，可以从以下几方面来理解。

从内容上看，高校财务管理体制的具体内容有：组织财务活动、划分财权及处理财务关系，也包括财务机构的设置和财务人员的配备管理，后者不仅取决于前者，而且要与前者相适应，二者密切关联，共同构成高等学校财务管理体制的内容。

高校财务管理体制从形式上看是国家预算管理体制的具体化，因此，不仅需要体现国家对于高校的宏观管理还需要对高等学校的办学自主权进行反映，也就说，需要同时考虑和兼顾国家宏观管理的需要和落实高校办学自主权。高等学校从事的教学、科研和社会服务活动是我国社会发展和国民经济计划的有机组成部分，是我国社会发展和国民经济计划的微观体现，因此，高校财务管理要按照国家预算管理的要求进行，同时要建立与财务管理体制相适应的财务管理体制，以适应国家对高校的宏观管理。与此同时，在社会主义市场经济的背景下，高校作为一个独立的事业法人，可以站在自身规模和发展需求的角度，对高校财务管理制度和管理体制进行制定，制定出一套能够体现和实现高校办学自主权的财务管理体系。

划分财权同时对经济责任制进行建立和完善，是当前高校财务管理体制的核心内容。在高校的财务管理体制中，核心内容应该是按照财务管理的模式，对财权进行合理划分，将财务关系进行理顺，并且对高校的财经工作进行规范，对经济的利益进行分配，建立起一套权、责、利相结合，权责分明的经济责任制度，只有这样才能保证高校正常的财务活动的顺利进行，保证在校（院）长、学校财务机构、总会计师的领导和组织下财经工作可以顺利开展。

加强财务管理是高校财务管理体制的建立最终目的，提高资金使用效益，这是财务管理体制存在的根本原因，也是人们对之不断完善健全的动力所在。

（二）建立健全财务管理体制的必要性和原则

1. 建立健全财务管理体制的必要性

高等教育体制改革的不断深化，要求高等学校建立健全财务管理体制。近年来，国家会通过各种方式对高校的教育管理体制进行布局和结构上的调整，方式一般为共建、合作、调整、合并等，中央和省级人民政府两级管理，以省级人民政府统筹管理为主的新体制的格局初步形成，这使得高校充满了生机与活力，此时的外部环境较为宽松。在这样的背景下，高等学校之前的、单纯的以教学为中心、以科研为中心，转变为以教学、科研为主，同时兼顾科技开发、生产经营、社会服务等各项活动，不仅如此，高校成为面向市场经济进行自主办学的法人实体，产、学、研结合日益紧密，高校后勤社会化有条不紊地开展，办学自主权得到不断扩大。

在此背景下，高校的财经工作及财务管理出现了一些根本性的、本质性的变化，在这个过程中出现了很多前所未有的问题，亟须解决。此时，形成了经济利益多元化、工作多层次、财务关系复杂化的高校财经工作局面。这就对高校提出了更高的要求，即要构建与市场经济要求相适应、与学校办学法人实体需要相适应的财务管理体制，要将对内的财务关系及对外的财务关系处理好，保证高校在经济上可以稳步向前发展。

要想国家和学校的财务制度得到贯彻和落实就应该建立健全财务管理体制，是这重要的基础和保证。对国家制定的有关财经法规和高等学校财务制度，高等学校应当努力贯彻执行，并立足于本校的实际情况对财务的规章制度进行制定，以此来保证高校的财经工作顺利进行。而要贯彻落实国家和学校的财务规章制度，建立健全财务管理体制是重要的前提和基础，若是财务管理体制是不科学的、不规范的、没有可实施性的，财务规章制度定得再好，也会因为缺乏权威性和统一性、责权不明等而导致难以全面贯彻落实。

高校内部管理体制的改革，也离不开完善的财务管理体制。在社会主义市场经济体制逐渐建立与完善的过程中，高校出现了一些转变，逐渐从政府机关的附属机构转变为面向社会的进行自主办学的法人实体，逐渐形成了教育资金以政府拨款为主，多渠道筹集的格局。

高等学校在注重社会效益的同时，也必须讲求经济效益。为此，高等学校需要通过制度创新来深化学校内部的管理体制改革，不断提高效率，实现教育资源的合理使用与有效配置。近些年来，高等学校纷纷通过机构改革、人事分配制度改革和教学科研管理改革，降低管理重心，适度下放财权，增强办学活力和二级单位积极性。高校后勤逐渐剥离，正在稳步实现后勤服务的社会化，对外投资和校办产业迅速发展。这些变化都要求高校建立起与本校校情相一致，并且科学、合理、有效的财务管理体制，对学校财务活动进行规范，建立正常有序的财经工作秩序，保证学校内部管理体制改革的顺利进行。

2．建立财务管理体制的原则

（1）统一领导和适度分权相结合

改革开放以前，高等学校主要的财务管理体制为“统一领导、集中管理”，随着改革开放的深入，近些年，我国的高校实行的财务管理体制是“统一领导、分级管理”。无论采取什么样的财务管理体制，都必须坚持统一领导和适度分权相结合的原则，防止出现“一管就死，一死就放，一放就乱，一乱就管”的恶性循环。要在学校的统一领导下，进行必要的集中管理，以便于增强学校的宏观调控能力和可持续发展能力，同时，也要适当下放财权，充分调动二级单位的办学积极性和主人翁意识，使学校的教学、科研、管理等各项活动能够协调发展。

（2）要有利于加强学校的预算管理

高校的预算一般体现着学校的年度综合财务的收支计划，并且体现了学校现有和未来的资源配置和发展方向，是学校各项事业发展的货币表现形式。高等学校财务管理体制，要能够强化预算管理，开源节流，确保学校统筹安排各项财务收支，保持必要的现金流量和支付能力，防止二级单位各自为政，并有助于发挥二级单位当家理财、增收节支的积极性。

（3）要能够使学校经济责任制得到贯彻落实

受到高校经济责任制度的要求，财务工作应该坚持统一领导的原则，在此基础上，无论是实行集中管理，还是分类管理，以及如何分别进行集中管理和分级管理，都要在不违背国家及相关部门的相关规定的情况下，经过学校领导班子的讨论后明文颁布；一旦确立进行明文颁布之后就不能进行随意的变更，并且一旦有一些不按照规定所设立的财务机构应该进行撤销。财务管理体制的建立，或者改变财务管理体制，均要有助于学校经济责任制的层层落实，紧紧围绕学校经济责任制的贯彻执行，做到权责分明，责权利相结合，防止出现管理“真空”。

（三）高校财务管理体制对高校发展的重要性

中华人民共和国成立以来，我国针对教育领域的关键、重大问题，建立了涵盖教育各个领域、各个方面的较为完备的法律法规体系，确立了我国高等教育的基本框架和重要原则。

高校之所以践行教育体制改革，主要目标就是对各方面的关系进行理顺，并且建立起政府主要进行宏观管理、学校面向社会进行自主办学的体制。当前，我国高校的教育的办学模式逐渐由之前的政府直接对高校进行管理的办学模式转变为国家进行宏观管理，高校面向社会进行自主办学模式。各级政府行政部门简政放权，进一步转变政府职能，对于高校的直接干预不断减少，主要是通过法律手段、政策手段、经济手段、服务手段和监督手段等对高校的运行进行管理。

确立高校的法人实体地位，会对高校各项工作的开展产生深远的影响，高校在事业的发展过程中会拥有较大的自主权，这也会对办学模式产生深刻的影响。高校抓住社会主义市场经济建设的机遇，大胆地将市场机制引进高校，改革和创新教学、科研及内部管理制度，从原来的单一教学科研中心，转变为科研、教学、咨询服务、技术开发、生产运营等多种活动为一体的高校管理。尤其是现在，随着高校的招生规模的不断扩大，高校必须要加强建设和完善基础设施，并对校园进行扩建。但是，在国家的资金投入严重缺乏的情况下，要想使得经费短缺的问题得到有效的解决，就只有依靠学校自己了。对于这一问题的解决，主要途径有两个方面：开源和节流，不管是将有限的资源发挥最大的效益还是去获得新的资源，归根结底核心还是财务管理体制的问题。

高校的办学主体和办学模式会随着市场经济的不断发展而发生变化，高校教育经费的筹措渠道越来越多元化，从之前的单一的政府拨款型转变为教育经费筹措多元化的方式——政府拨款为主、多渠道多形式筹措。伴随着当前高校的缴费上学制度的建立，因为面向社会进行开放，因此，出现了联合办学、共建办学的形式，即地方政府、事业单位、企业与高校联合，与此同时，还出现了争取国内外事业团体、企业、友人捐资办学的模式，除此之外，高校还积极对自身的资源、积水、条件等优势进行利用，兴办校办企业，并且积极开展了全方位的、多层次的教学服务、科研咨询服务，以及各种生产经营活动等一系列的有偿社会服务活动，这也使得学校的资金来源得到拓宽。目前，国家教育经费拨款是高校经费的主要来源，此外还有学生缴纳的学费、住宿费；学校开展社会服务所收取的科研咨询费、非学历教育培训费、科技成果转让费、技术服务费、校办企业创收收入；捐资助学收入，主要有企业、社团、校友、华人等的资助。这些都使得高校的收入呈现出了多元化的发展态势，解决了当前高校办学资金不足的情况，提高了高校的办学能力，对提高办学水平、改善办学条件起到了很大的促进作用。

因为高校的经济利益变得越来越多元化，经济关系变得越来越复杂，财务管理也变得越来越精细。因此，高校必须构建和实施与之相适应的合理有效的财务管理体制，同时该财务管理体制需要体现高校自主办学，与高校发展相适应。所实施的高校财务管理体制应该可以对财经工作进行规范，对财务关系进理顺，实现依法治校，依法理财，强化财务管理。

（四）我国高校财务管理体制的具体应用

1. 分级管理

当前在我国高校现行管理体制下，党委办公会、校长办公会，专家委员会、党委委员、校级领导负责管理全校性事务，对涉及学校整体的重大经济事务作出统一决策，校级财务机构负责组织贯彻学校层面作出的财务决策，具体办理各项财务事宜，校内各职能部门、教学院系、科研院所在学校统一决策和控制下对预算下达的经费进行自主管理，自我调配，自由使用，负责开展各项具体教学科研等活动，完成各项教学科研任务。

当前这种财务运行机制如果没有健全的经济责任制度、监督检查考评奖惩制度等就难以明确各部门的责、权、利，难以调动各部门增收节约的积极性，不利于学校的健康发展。只有在现代高校董事会治理机构下，才能具体明确政府、高校、部门三者各自的责、权、利，赋予高校更大的自主权，赋予校属各部门更广阔的空间，通过财经管理委员会、绩效考核评价委员会、预决算编审委员会、内部审计委员会等部门的科学管理，集体决策，全程监控，全面考评，才能保证高校财务决策的灵活性、适应性、效益性，避免以往重大经济决策一言堂的缺陷。

2. 集中核算

当前我国高校在会计核算体系方面应当按照学校综合财务预算涉及的部门和内容，把校属所有部门的所有经济业务全部集中到校级财务机构（通常是财务处或计划财务处），按照统一口径、统一标准、统一要求进行集中处理集中核算（具有法人资格并进行独立核算的校属经济实体除外）。

学校所有资金来源必须由学校财务部门集中收取、集中管理，学校所有资金支付必须按照学校统一的财务规章制度由学校财务部门集中执行，统一支付。例如，收入政策和收费标准，收入收取和资金管理集中到学校财务部门，对于校属各部门来说，不可以私自设立收费项目，也不能对收费的标准进行设置，不能私自收取费用，对资金进行私自管理。校属各部门发生的任何一笔资金开支必须通过学校财务部门按校内财务规章制度集中支付。

3．项目控制

如今，在我国大部分的高校都实行了全面预算管理和项目管理。在高校统一政策下按照高校中长期规划，由学校统一编制并严格组织实施，每年须经过校长办公会、财经专家委员会、教工代表大会、党委办公会等多道程序，按具体项目编制高校综合财务预算。它是高校对每一年度涉及的教学、科研、后勤、学生工作、离退休工作等高校中所有的活动，在经过详细、科学论述之后所作出的有着完整内容、有着细致考虑、有着明确的目标、有着具体的项目的资金收支计划。

在每年编制预算时，高校应根据本校规划和工作重点，要坚持收支平衡的原则、统筹兼顾的原则、积极稳妥的原则、勤俭节约的原则、事权与财权相匹配的原则，将责权进行分解和落实。基本经费预算重点保人员支出、保正常运转、保教学科研、保安全稳定项目，专项建设经费预算则必须保证重点建设项目、政策规定项目、保学校发展及配套建设项目，同时进一步细化基本支出和项目支出预算，实现人员经费的定额管理，并且进行精细的预算安排。

在项目经费方面，可以采取多种形式对项目的科学性、必要性、绩效性进行论述，对支出结构进行优化，对支出项目进行细化，同时，对财务预算要编细、编实，突出预算目标管理。建立和完善绩效目标申报、审核、评价和反馈机制，建立以预算编制为前提和基础、以绩效评价为手段、以结果应用为导向的对全校所有的资金活动和业务活动进行覆盖的预算管理体系，全面提高预算管理水平。

4．绩效考评

本书在第五章第二节已经进行了论述，在此不再赘述。

二、高校统一领导、集中管理与分级管理的体制分析

（一）统一领导

高校财务管理工作的核心是统一领导，在当前日益复杂的市场环境下，面对复杂的利益主体的不同诉求，全校各职能部门、教职工、科研院所、教学院系只有统一政策、统一思想认识、集中财力、统一财务、步调一致，才能进行统一的资产管理，实现资源的优化配置，才能对教育资金进行统一的调度，对教学的经费进行统一安排，将整体的优势发挥到最大，对资金的效益进行不断提高，只有在这样的基础上才能在财力和制度上保证高校稳定地、协调地、可持续发展。

各级人民政府应对各类高校制定统一的财经法规，统一监管体系，统一生均标准，统一拨款机制，统一预决算口径，统一审计监督，统一对高校支出规模和结构进行调控、进一步简政放权，全面转变政府职能、加大宏观调控力度，扩大高校办学自主权，并全面保护高校的合法权益。

高校应当针对经济工作和财务活动的大政方针政策、财务规章制度、资源调配机制、财权事权匹配制度、会计核算规范等重大方面实行学校统一领导，统一决策，以集中全校财力，加强宏观调控，提高资金实力和办学能力。学校各职能部门和教学部门、科研部门、教辅部门及后勤部门必须在学校的统一领导下，严格遵循学校规章制度，全面履行与事权责任相适应的财力支配权和管理权。具体包括下列“五个统一”。

1. 统一财经方针政策

高校在对国家法律法规严格遵循的基础上，对本校的总体的、全局性的财政方针政策进行统一，如管理权限分配政策主要是事权、财权与责任的配置与协调政策；预算管理政策主要是高校主体财权的分配、调整与支配、管理的整体框架；创收分配政策主要是高校各部门在教学科研之余，利用自身所控制或管理的资源为社会提供服务所取得的部门主体财权的分配政策；经费支出审批报销政策等，只有这样才能集中财力，加强在宏观上进行调控的能力，对资源进行优化配置，对资金的使用效益进行提高，促进高校办学实力的不断提升。高校的财务部门应该对这项大政方针政策进行负责，由财经工作领导小组指导，高校校长办公会和

党政联席会进行统一的审查和批准，之后进行红头文件的印发，最后由学校统一组织和实施。与此同时，一定要避免或杜绝在学校中，各个部门为了自己的利益，而制定和执行一些有悖于学校总体方针政策的规定或方法，以防止各个部门之间各自为政，从而对学校的整体利益造成损害。

2. 统一财务规章制度

学校制定的大政方针为了保证的严肃性和权威性，为了更好地实现其目标和意图，也为了对高校制定的大政方针进行有效的贯彻和实施，高校应该按照国家财经法规和本校的财经方针政策，结合高校当前实情和未来发展方向制定具体可行且确实有效的财务规章制度，如《×× 大学财务管理制度》《×× 大学成本分担机制和资源调配管理制度》《×× 大学经济责任制度》《×× 大学资产管理制度（或办法)》《×× 大学预算管理制度（或办法)》《×× 大学各类办学经费分配制度（或办法)》《×× 大学经费支出审批报销管理制度（或办法)》《×× 大学专项建设经费管理制度（或办法)》《×× 大学各类票据管理制度（或办法)》《×× 大学科研课题经费管理制度（或办法)》《×× 大学学费住宿费管理办法（或实施细则)》《×× 大学内部会计控制制度（或办法)》《×× 大学会计核算实施办法（或细则)》《×× 大学公用借款管理办法（或细则)》《×× 大学教职工争先创优激励机制》等具体的规章制度、措施及办法。只有构建和完善起一套科学、健全、完整、系统的高校财务规章制度体系，并与高校的实际情况相适应，适应市场经济的要求，以及与知识经济的要求相吻合时，才能在高校的财务活动、财经工作中，做到有法可依，有章可循，以制度来管理人，按照规章制度来办事。只有这样，才能确保全校只有一个建制，只有一个标准，只有一盘棋，只有一个调，才能在制度上让学校的大政方针得到充分的保障，确保严格遵守和执行财经法律法规。

保证高校的协调可持续发展。另外，高校下属各部门可根据本校的财务规章制度制定本部门具体可行的实施办法或细则，但不得与本校颁布实施的财务规章制度相抵触。

3. 统一资源优化配置

当前，高校资源普遍存在不足的现象，尤其在科研资源方面和实践性教学资源上，如教学设施设备、实验室设施设备、实习平台、科研平台、科研基地等，教育资源不能满足高校日益市场化和社会化的教学需要及科研需要。不仅如此，还存在着资源分配不够优化问题，存在着资产重复购置的现象，造成严重的闲置浪费，还存在着资金使用效益没有可靠保证的问题，鉴于此，就很难实现财务工作目标，即权责明确、管理严格、行为规范、监督到位、服务优质、激励有效。这对于高校的科研教育事业的长远发展、可持续发展非常不利。

当前，高校中，面对着高校经费来源的多元化局面，面临着多样化和复杂化的经济活动，同时经济关系呈现出复杂化的发展趋势，高校面临十分尖锐的资金供求矛盾。在这样的背景下，为了培养社会所需要的高科技人才，为了实现对第一生产力合格接班人的培养，为了实现科技强国和教育强国的目标，高校应该对资源进行统一的管理和调配，坚持勤俭办学的原则及厉行节约的原则，对高校资源的用途进行统筹安排，实现资源的优化配置，不断在基础设施上加大投入力度，对于消费性需求进行压缩，实现教学科研成本的降低，减少资源消耗，对当前存在的重复购置的浪费问题进行有效解决，消除严重的闲置浪费现象，改变和解决资金使用随意效益差、管理混乱易流失等问题，争取对有限的校内资源实现无限化利用。

4.统一预算决算管理

从本质上来看，高校预算可以体现高校财务收支计划具有整体化、法规化、权威化、制度化的特点，不仅如此，高校预算还是高校“一个建制，一个标准，一个调，一盘棋”的政策落实与制度保障，同时，还是高校长远发展规划的一个非常重要的子系统，是高校对每一年度涉及的教学、科研、后勤、学生工作、离退休工作等所有活动经过充分科学合理论证后，经学校教（工）代表大会同意的内容完整、考虑细致、目标明确、项目具体的具有较高法律效力的财务收支安排。它既是对高校人、财、物进行优化配置、控制、使用和管理的关键，又是高校领导层和管理层执行有效经济活动责、权、利明确划分的制度保障和载体，是保证高校教学科研活动顺利开展，提高资金使用效益的支柱，涉及高校所有的教学科研活动和每一个业务环节。

这就要求高校高层领导和管理层高度重视，严格按照《高等学校财务制度》

的规定执行，“预算编制应当遵循量入为出、收支平衡的原则，收入预算编制应当积极稳妥，根据预算年度事业发展日标、计划与财力可能，以及年度收支增减因素和措施，按照预算编制的规定编制预算；支出预算编制应当统筹兼顾、保证重点、勤俭节约；学校预算应当自求收支平衡，不得编制赤字预算；高校应严格执行批准的预算；高校应按照规定编制年度决算，由主管部门审核汇总后报财政部门审批，并应加强决算审核和分析，保证决算数据的真实、准确规范决算管理工作。”从具体的角度上来说，高校资源优化配置体现在财务预算方面，对于资源优化配置结果的具体反映则是财务决算。因此，对本校预算，高校应该展开全过程的管理与监控，对预算的控制与检查需要不断加强，同时需要深入分析预算执行，将财务决算的作用凸显出来，将校内审计对预算的监督考评功能充分发挥出来，努力提升资金的使用率。

5．统一财务核算体系

我们如果从经济活动的最终实质这个角度来看，高校经济管理的核心是财务管理，而财务管理的核心是就是资金管理，预算管理作为资金管理的核心其本质体现的是准确和及时的财务信息。随着高校规模的不断扩大，可以使用的资金也就越来越多，这就呈现出越来越高的精细化程度，不仅如此，在当前这个日益激烈的社会竞争中，在复杂的经济环境中，如果没有及时的、准确的财务信息，根本无法衡量高校开展教学科研活动的效率和效益情况，无法判断学校是否实现了资源的优化配置，是否进行了有效的预算管理，是否落实了财务规章制度，更无法评价会计人员责任履行、专业能力和工作业绩等的好坏。

不管好现在就不足以谋划未来，因此，高校必须全面贯彻执行《高等学校财务制度》中“高等学校应当单独设置一级财务机构，在校（院）长和总会计师的领导下，统一管理学校财务工作”“高等学校财务机构应当配备专职财会人员，财会人员应当具备与其工作岗位相适应的资格和能力，财会人员的调入、调出、专业技术职务评聘以及校内二级财务机构负责人的任免、调动或者撤换，应当由学校一级财务机构会同有关部门办理”等规定。

高校在建立财务核算体系的时候应该秉承“八个具体统一”，也就是说统一设置一级财务机构、统一配备专职财务人员、统一规定经费报销及审核标准、统一规定会计账务处理标准和流程、统一制定内部会计控制制度，统一制定会计档案管理办法，统一财务人员执业培训与职务职称评聘，统一财务人员考评激励。进一步完善高校财务规章制度体系，规范财务会计工作，实现对会计处理水平的不断提升，以此来保证财务信息的质量和水平，只有在此基础上，才能真正实现为学校“理好财，管好家”，才能为学校重大经济决策出谋划策提供最坚实的财务信息支持。

（二）集中管理

集中管理是高校在严格遵循国家法律法规和本校财务规章制度的前提下，以本校实际情况为基础，将学校在教学科研活动中所涉及的全部经济事务，由学校财务部门进行集中的、统一的管理，学校财务部门对高校中所有的资金进行统筹安排，进行集中调度与使用，将集中资金的优势发挥到最大，实现对经济环境的净化，对预防贪污腐败发挥积极作用，并且还能对教学经费的不足问题进行有效解决的一种财务管理运行机制，其具体的内容如下。

1. 集中管理财权

所谓财权主要是指对学校财产物资进行管理、使用、分配的权力，尤其是对教育资金的管理、使用、分配及对教学科研经费的管理、使用、分配。当前我国高校规模越来越大，资产总额少则几亿，多则上百亿、千亿，校内各职能部门已逾 40 个处级单位，教职工人数多达几千人，管理如此庞大的资源，不采取财权集中管理的机制是根本不可能集中学校资源优势统一调度、统筹安排、把有限的资金全力用在刀刃上，这样势必导致校内各部门各自为政，为了个人或本部门的利益而不顾学校和国家利益，私存、挪用公款或搞“账外账”，私设“小金库”，造成国有资产流失，给学校和国家造成巨大的经济损失。没有财权的集中管理统一调度，统筹安排，就没有坚实的资金做后盾，将无法保证学校各项工作的顺利开展，将难以充分发挥资金的经济效益，无法增强学校对整个财经工作的宏观调控能力。

为此，高校只有实现管理财权的集中，才能更好地推进学校的各项工作健康发展。只有那些能够自负盈亏、独立核算的校属经济实体可以按照现有的财务制度进行自我管理与自我使用，其他学校内部各个部门的、不管是什么来源的资金，都要交给学校进行集中管理，进行统一调度，进行统筹安排，做到对它们进行合理的利用，这样才能避免学校的财权过于分散，最终导致财源流失，造成资源的浪费。

2. 集中执行规章制度

要确保严格地遵守和执行学校的财务规章制度，确保财经工作在实际中以制度管人，按照规定办事，充分体现财务管理宗旨——全校一个建制，一个标准，一个调，一盘棋。要想实现以上条件，就必须按照学校统一的财务规章制度，对其进行严格的执行，决不允许在校内部门各自为政的混乱无序情况发生。只有这样，才能真正地维护高校“统一领导”的权威，才能真正地维持高校的经济秩序和财务秩序，才能确保高校的整体、和谐、健康、可持续地发展。

3. 集中管理会计事务

真实、准确、完整和及时的会计信息对高校的宏观经济调控和重大经济决策至关重要，它能充分地反映出高校的各项教学科研活动的最终成果的经济效益，也是对高校资源配置的优化程度的衡量，对预算管理的有效性、财务规章制度的落实程度、经济效益的评价标准与衡量标准。

所以，高校一定要对会计事务进行集中管理，全面贯彻落实“八个具体统一”的要求，将高校的一切经济活动和会计资料都纳入学校财务部门的集中管理之中，进行集中核算，统一财务收支，统一资金管理。只有这样，才能保证会计信息的全面、完整、准确、及时，才能客观真实地反映高校教学科研活动的结果，真正体现学校所具备的雄厚的资源实力，推动高校的健康可持续发展。

4. 集中管理会计人员

高校会计人员既是国家及学校财经法纪最忠实的执行者和守护者，也是教育资金安全最有力的保障后盾，还是会计信息生成的直接责任人，更是教育资金使用支付的最后一道牢固防线。因此，为了应对日趋复杂的高校理财环境，净化高校财经秩序，保证财务规章制度的严格有效执行，保护国有资产的安全完整，保证会计核算资料的客观、真实、全面、完整，高校必须对本校会计人员实行集中管理、集中业务培训、统一职称职务评聘、集中考核奖惩、统一会计业务处理标准和要求，全面提升会计人员综合素质，以保证提供高质量的会计信息。

（三）分级管理

分级管理，即高校校院（处、所、系、部）二级财务管理，是在全面保证高校“五个统一”的前提下，按照事权与财权及责任相结合原则，实行“重心下移、责权下放”，适当下放资金自主权、管理权、支配权，把高校事业计划和与之相适应的收支预算下达校内各二级部门，校内二级部门在下达的预算经费范围内享有自主管理和自主支配权，以此充分调动高校所属二级部门生财、聚财、理财、用财“四财一体”的积极性，充分发挥其增收节支的自主性和创造性，学校通过采取严格的预算管控和监督考评办法来实现宏观调控职能，促进高校所属各部门有效使用资金，既能调动校属各部门和教职工的积极性，又能保证学校各项事业全面协调发展的财务管理运行机制。

1. 分级管理的原则

高校进行分级财务管理并不等于完全放开财权事权，让校属各部门各自为政。校属各部门在具体实施时必须坚持以下原则。

（1）坚持无条件服从学校“统一领导，统筹安排”的原则。

（2）坚持严格遵循学校统一的财务规章制度的原则。

（3）坚持全面贯彻“谁管理，谁负责，谁使用、谁保证”的权责相当的原则。

（4）坚持有利于“宏观调控，微观搞活，统而不死，分而不乱”的原则。

（5）坚持有利于调动校属各部门增收节支积极性、创造性的原则。

（6）坚持有利于强化预算管理，便于预算执行，提高资金使用效益的原则。

2. 分级管理的要求

高校实行分级财务管理，充分发挥校属各部门的积极性时必须满足以下要求。

（1）校属各部门必须在学校统一的财务管理框架下才享有预算下达的经费自主管理权、使用权和支配权。

（2）校属各部门必须坚持“厉行节约、勤俭办学”的方针，在年度经费预算额度内通盘考虑，全面规划，合理、有效地使用每一笔预算资金。

（3）校属各部门必须服从学校统一领导，在全面完成学校预算安排的教学科研任务的前提下，可以利用其各种优势开展社会服务，争取更多的社会资源投入到高校教学科研活动中。

（4）校属各部门不得违规收费，不得私立银行账户和私设“小金库”，所有收入必须统一由学校集中收取，全额纳入学校预算管理。

（5）校属各部门可以根据学校统一的规章制度制定具体的实施办法或实施细则，在财务管理工作中，会计核算业务上必须服从学校管理，接受学校财务部门的领导、指导和监督。

3. 分级管理的形式

当前，我国高校内部实行的校院二级管理，主要存在 3 种形式。

（1）完全独立核算

具有独立法人资格，能够独立承担民事责任，享有民事权利的自主经营、独立核算、自负盈亏社会经济实体，如校办印刷厂、出版社、教材站、校属民办二级学院等社会营利性经济组织。高校对它的管理原则是任其发展，自主经营，自负盈亏，利润按比例上缴。

（2）半独立核算

不具备独立法人资格，不能独立承担民事责任、享有民事权利的经济实体，如校属后勤产业集团、校属工会等。高校对它的管理原则是有偿服务，经费补助，超支不补，节余留用。

（3）无法独立核算

不具备独立法人资格的校内各职能部门、教学院系。高校对它的管理原则是预算管理、项目控制、绩效考评、严禁超支。

4. 分级管理的主要内容

校属各部门实行分级管理（即二级管理）的主要内容如下。

（1）一级——校级层面

包括学校层面和校级财务机构层面。

学校层面，成立财经工作领导小组，在学校党委领导下统一领导和协调学校的财务管理工作，实行重大经济问题集体决策制度、专家咨询制度和决策责任追究制度。凡事关学校的重大经济事项，如重要财务管理制度、重大经济决策、重大投资（融资）项目及年度财务预算等，必须组织相关专家进行科学论证后，经财经工作领导小组集体研究后提交学校校长办公会、学校党委会讨论决定。

校级财务机构层面，学校财务机构作为负责学校财务管理的综合机构，在校长和分管财务工作的副校长（或总会计师）领导下，统一管理学校的各项财务工作，参与学校财经决策和有关规定的制定，对学校各类经济活动实施统一管理、集中核算和全面监督。

（2）二级——校属各部门

包括校属经济实体和校属各职能部门、教学部门、教辅部门和科研部门。校属各部门在学校的统一领导和校级财务机构的指导下，负责建立健全本部门的财务管理办法或实施细则，履行经费管理和使用支配职责，承担相应经济责任。具体如下。

①校属各部门必须在学校统一的财务规章制度下制定并实施本部门具体的财务管理办法或实施细则，报学校批准或备案。

②校属各部门自主管理、统筹安排，自由支配和使用学校预算下达的资金，并保证经济业务活动和资金收付的合法性、合理性、真实性和效益性。

③校属独立核算的经济实体可以根据本部门的实际情况和管理需要，设置二级财务，如实核算，实时报告，依法接受学校的监督检查，服从学校安排。

④校属非独立核算的各部门可设置财务管理岗位，负责本部门的经费收支预算和报销工作，但不得设立独立账户，避开学校进行二级财务核算。

⑤校属各部门应努力增强财务管理创新意识，建立健全以院（部）为主体，与目标、任务、绩效挂钩的资源配置机制和公共成本分摊机制，以及资源有偿使用机制，减少资源浪费，降低办学成本。

⑥校属各部门应当建立健全绩效考核和追踪问效制度，提高资金的使用效益。

“统一领导，分级管理”的财务管理体制的优点继承了“统一领导，集中管理”体制的优点，弥补了“统一领导，集中管理”体制的缺点，实现了“重心下移，责权下放”的宗旨，即，既能充分调动校属各部门的积极性、创造性，又能科学理顺财务关系，保证了权、责、利的高度协调和统一；既能集中资源优势，优化资源配置，提高资金管理效益，又能进一步下放财权，给下级单位足够的资金管理自主权作为其承担相应责任的物质保障，还能够通过全面的监督制约考评奖惩机制保证两个级别（校级和校属各部门级）的权力得到合法、适当运用，拒腐防贪，真正实现高效、廉洁、和谐的政资分离，政校分开，权责明确，管理科学现代化高校的建设目标。但值得警惕的是，高校必须健全与之对应的科学的财务规章制度，健全资产管理制度，健全学校资源使用和成本分担制度，健全经济责任制度，健全监督检查制度，健全绩效考评奖惩制度等，才能确保不会出现各自为政、权力泛滥、管理混乱、腐败成风的不良现象，才能确保高校财务管理统得有效、管得到位、放而不乱、自我约束、自我规范。

三、高校财务管理体制的实施现状

从教育投入体制的历史发展进程来看，我国高校财务管理体制主要经历了三个历史阶段。第一阶段为中华人民共和国成立到改革开放之前，由于这一阶段受国家经济体制的影响，国家财政拨款作为高校的主要资金来源，高校财务管理体制呈现出统收统支、分级包干的单一化特点。而从改革开放之后到二十世纪九十年代中期是我国高校财务管理体制的第二阶段，由于这一阶段高等教育经费由中央财政按计划下达，部属院校经费由中央负责，地方院校由地方财政负责，所以，高校财务管理体制形成了向多元化发展的特点。

20 世纪 90 年代中后期至今，是我国高校财务管理体制的第三阶段，也是当今正在发展和形成的。这一阶段的高等学校实行“统一领导、集中管理”的财务管理体制，其中规模较大的学校实行“统一领导、分级管理”的财务管理体制。可以说，这在整体上把高校财务管理体制分为两种模式，并要求各大高校根据自身实际情况来选择合适的类型。对于高等学校内部财务管理而言，财务管理体制带有强烈的权威性和统一性，所以，从整体上来说，当今我国高校财务管理体制分为“统一领导、集中管理”和“统一领导、分级管理”两种类型。具体来说，首先，在领导体制上，高等学校财务工作实行校（院）长负责制，并且设置总会计师，协助校（院）长全面领导学校的财务工作；其次，在运行机制上，校内必须单独设置财务处（室），作为学校的一级财务机构，后勤、科技开发、校办产业及基本建设等部门因工作需要设置的财务机构，只能作为学校的二级财务机构，其财会业务接受财务处（室）的统一领导；最后，在人员队伍建设上，校内设置财务会计机构，必须配备相应专职财会人员，对财务人员调入、调出、专业技术职务评聘及岗位任免要严格遵守相关管理规定等。

目前，我国大部分高校财务管理只是注重事前预测和事中控制，缺乏事后控制，其实事前预测只是一种预算管理，而事后控制则属于绩效评价，在此意义上，事后控制才具有指导、激励、明示的作用。预算管理只是一种对未来的经营活动和相应财务结果进行的预测和筹划，并将实际完成情况与预算目标对照和分析，预算目标往往由管理层决定，各个部门就是分解目标，配合编制，所以，高校预算管理财政运行机制是不科学的。绩效评价能够根据指标计算出资金的使用效率，量化财务责任人的考核结果，这也正是我国高校财政管理体制所缺乏的。

第二节　高校财务管理的体制创新实践

一、以预算为主导的财务管理体制创新实践

确立以预算为主导的财务管理体制。不断发展的高校在实现其财务管理创新的过程中，首先应该确立以预算为主导的财务管理体制，通过科学预算并强调预算的执行和控制，同时对一系列指标性数据进行全面分析。具体来说，高校可以从建立执行力和控制力较强的预算监督管理组织、制定预算执行方案及相应的考评方法、普及先进财务软件及其他相关技术手段这三个方面，逐步落实预算监管机构的有效运行，这是预算执行的良好保证。预算监管机构应该是一支以校长或书记为主要领导，以财务审计职能人员、人力资源管理者、组织部即教务部高层管理者为重要成员的管理队伍。完善的预算执行方案让高校预算工作有序进行，同时采用科学的考评方法来对各单位或部门的预算执行结果进行分析和考核，更加有助于高校目标的实现。此外，先进的财务软件和其他相关技术的运用能提高预算效率，比如建立数据接口，在财务软件中设置部门和项目的正确对应关系；增加部门预算软件数据直接向财务软件下达预算指标的功能，减少人工录入凭证的主观失误。

第一，建立执行力强、控制力强的预算监督管理机构，执行学校预算工作的指导和考核。高校可建立书记校长担任主要领导的，由财务、人事、组织、审计、教务等相关职能人员组成的学校预算管理机构，在财务部门的数据基础上，审订本年度的财务预算，决定本年度的资金开支和工作扶持方向，为学校领导层的预算管理决策提供依据。组织机构的建立，为预算的执行提供了保障。

第二，制定预算执行的制度。要保证高校预算得到充分执行，维护预算的严肃性、有效性，必须通过建立预算强制执行的管理制度，对预算进行约束。

第三，建立预算执行考核评价制度，对各单位预算执行效果进行考核。通过对各单位预算执行结果的分析和考核，来保证预算在各单位执行的效果，确保学校本年度战略目标得到实施。绩效的评价必须通过建立一套科学、合理并行之有效的评价方法、评价体系和评价标准来实施。

二、校、院系两级的财务管理体制创新实践

一些高校为激发院系的办学热情与积极性，激发其活力，提升其管理效率，采取了下放权力、重心下移、院所合一等措施，对高校进行了扁平化的分权管理改革。以分权管理的原则为依据，学校把人事管理权、财务管理权、资产管理权及分配奖励权都交给了各个学院，也就是说，学校改革了现行的教育资源配置制度，对资金预算体系、分配标准进行了改革，此外，还在监督控制等方面进行了改革并实行。

（一）推行校、院系两级财务管理的目的

按照《高等学校财务制度》中的相关规定，各高校以自身条件为基础，在学校内部建立“统一领导，分级管理”的财务管理体制。所谓的校、院（系）两级财务管理，即高校要成立一个二级会计核算单位，即学院财务管理机构，该机构具有相对独立性。学院财务指的是在校财务处及学院双重领导下，负责核算与管理专项资金、部门预算、创收，不仅如此，还需要为全院教职工、学生提供科研、教学、行政管理等经济服务。院系财务管理机构的主管会计人选，可以是学校财务处派出的，也可以是由院系推荐后报财务处考核确认的人。

因此，学院财务的审核和监督工作主要是由院系财务机构全面负责和开展，这也使得其成为学校财务管理的基层组织，机构通过对资金进行合理配置，对全院的经济活动进行调控，进而一步步实现学院的战略目标，即自我发展、自我约束、自我平衡。在高校推行的两级财务管理是转变财务管理理财观的重要行为和措施。

（二）院系财务管理创新的原则与思路

配合和适应校内管理改革，实现学校发展目标是建立校、院（系）两级的预算制度及所设置的经费分配标准的指导思想。在院校创新财务管理应该遵循以下原则：遵循市场经济规则的原则、遵循高校办学规律的原则、学校确定的院系为实体的原则。具体来说，院系为实体的原则主要有：其一，责、权、利三者之间保持一致原则，院系的工作目标及相应的责任应该与院系的人、财、物的自主权，与经济利益保持一致；其二，将自我发展与自我约束相结合的原则，也就是说，在国家的法律和学校的规章制度允许下，院系可以对人、财、物实行自主权，与此同时，要建立起院系自我发展与自我约束相结合的运行机制；其三，学校宏观调控与院系办学自主相结合的原则，也就是说，高校应该将权力下放，简政放权，将管理的重心向下转移，让院系拥有充分的人、财、物的自主权，此时的学校职能部门主要负责进行宏观上的调控与管理；其四，效益优先与兼顾公平的原则，也就是说，将竞争机制引入高校，建立校内的分配制度——按劳取酬、以岗定薪、优劳优酬，充分发挥出校内分配所具备的导向功能和激励作用，真正体现出重实绩、重岗位、重贡献。

（三）院系财务管理创新的目标

将创建一个现代的高校财务管理制度作为主要的目标，对学校、院系两级的资金管理权限和职责需要进行明确，根据科学的定位和分工，建立并健全资金的预算和拨款机制，为各院系提供一个良好的经济支持系统，激发各院系的办学积极性和办学主动性，构建一个有效、合理的学校、院系两级管理体制和预算体系；建立起一套将创建目标任务与经费挂钩的运作机制，将各院系教师的工作热情调动起来，引导教师参与到教学科研工作中来，从而建立起一支能够满足教学研究型高校需要的师资队伍和管理队伍；进一步健全法治保障体系，完善监督评价体系，逐步强化依法管理、规范管理。

要依据学校内部管理改革思路去构建新的资金预算体系、分配标准及费用核算管理的具体办法，同时，根据学校所确定的各院系学科教学任务、建设方向、科技发展目标、学生教育管理目标任务，实现对资源的优化和配置，改革预算管理体系，重置资金分配标准。不仅如此，还应该建立起两级预算体系，以及建立起资金分配标准管理制度，使得所建立的财务管理体制与校、院系两级管理、两级核算相吻合，真正落实校、院系两级管理，实现为两级管理提供改革配套支持系统的目标；调整预算体系、资金分配政策及进行监控的时候，应该与学校的发展思路与理念相吻合，将经济管理政策所具备的导向功能发挥到极致。

（四）财务管理体制的创新实践

1．创新经济责任制

在实施目标管理责任制的时候，要坚持责权利对等的原则。在目标管理责任制中有经济管理责任，也就是说目标任务与经费资源之间是全面挂钩的。学校会下达一些综合发展与综合建设目标，各个院系应该围绕这个目标，同时根据自身的发展实际及发展需要，对资源总额的分配进行制订，制订的计划不仅包含对各项资金的使用数额、对个性资金的方向调整，还包含对承担着不同任务的不同岗位的教师的工资结构的调整、在工资津贴方面呈现出不同，以此来体现以院系为实体、进行资源优化配置的总体要求。

此外，各个院系可以以自己的具体情况为依据，在优先考虑效益、兼顾公平的原则指导下，可以对教师薪资构成进行改革，比如采取以市场为导向的协议年薪制或月薪加科研单项奖励制度。明确改革院系的财务职责和权力，对院系的经济职责和资金的管理权限、管理范围进行明确。经校方批准，各个院系可对使用经费进行调剂（这里不包含专项资金），并可将每年的预算结余结转进行使用（此时包含专项资金结余）。在各个院系设置专门的财务机构，同时配备专职财务人员，对财务管理的权限和职责进行明确；学校对预算内资金的使用进行了原则上的指导，可以下达对个别项目的控制指标；规范学校与院系之间的财务审核关系，对财务核算科目进行明确规定，并及时对各个院系的会计报表进行汇总。

2. 创新预算体系、资金计算标准与拨款机制

对资金预算管理进行改革，将工作目标责任为基础和前提的预算模式进行推广和实行。实行公开的、透明的预算体系和资金计算标准，让每个院系对自身的工作目标责任有所明确，同时明确自身的经费预算来源。各院系应该在学校的宏观指导之间根据自身的实际情况来实施具体的激励机制，实现对资源的优化配置。创新学校预算和拨款机制管理，也就是建立新的预算体系和实行新的资金计算标准，落实校、院系两级预算管理，实现各级预算自负盈亏。

预算分配体系在预算运算的模式方面可以使用因素分配法，也就是说，学校可以在可以控制的财力中按照一定的比例提取一定的资金用于校级的公共支出费用，同时也可以用于战略层面的实施规划，剩余的资金全部分配给院系。院系预算的分配应该根据职工编制数、学生人数、完成的教学科研工作量三者相结合的方式进行分配，对于以基础学科为主的、社会资源较少的学院来说，在进行资源的分配的时候不能简单地按照统一的标准来分配，应该在计算公式中加入倾斜系数以支持基础学科的不断发展，倾斜系数可以根据历史统计数据来确定，或以应增加的数额进行反推算来确定。此外，在办学经费、人员费用、行政经费等方面应设定控制比例，并且还应该对重点学科、科研项目经费、实验室建设等，采取单项或配套资助的方式进行资助。以资助标准为依据，只要是学校立项批准的项目，都应该按照项目的建设期限和项目的预算总额进行逐年拨付经费。

三、动态协同的财务管理体制创新实践

（一）科学定位高校财务管理工作的职能

拓展和延伸高校财务管理工作的内容与职能，在高校财务管理职能中吸纳资源筹划、资本运营、资产管理等重大财务事宜，让其具备以下三项大的职能：财务决策、财务计划、财务控制。在重大项目的前期调查、风险评估、可行性论证、决策过程中，财务管理人员要积极地发挥自己的专业优势，提出相应的决策建议；

对于财务规划进行长期的制定，同时健全财务预算制度，改变过去“预算制度即包干经费管理”的观念；财务控制就是借助对实际实施情况和预算标准之间的差异进行分析，进行奖励惩罚，从而实现管理的最优化。

（二）建立一套科学、规范的高校财务管理日常管理流程

财务管理部门根据自己的职责，对立项项目进行项目计划的制订，并制定预算标准和计算标准，将真实的数据记录下来，将真实的情况与标准进行对比，对差异进行分析和调查，最后得出评价结果。实现项目效益评测量化，可以最大限度避免在评价过程中的主观随意性。设定评价体系时，高校与企业不同，高校更多的是需要考虑项目会产生的社会效益，因此应该建立起多元的、科学的评估指标体系。对应用性科学研究项目的评价，应以取得的经济效益为主要的评估依据；在教学和基础科研项目上，应该构建一个以“资源利用率”为导向，以成本效益观为入手点的评估指标体系；为了保持学校的日常管理工作的顺利进行，每个部门的办公成本都要进行合理的计算，并且在管理上要实施定额预算管理，并且要评估定额的完成情况。

（三）建立教育资金筹集的多元化渠道

在资金的筹集方面，高校应该改变原有的“等、靠、要”的思想，对资金的来源渠道进行拓展，最终形成多元化的筹资格局——政府投资、学校自筹、社会集资、社会捐助等。第一，要积极吸纳社会各界的捐助。各高校要把社会捐资工作列为一项长期性的工作，并组织专业人士，组建专门的机构来进行具体的操作与实施。第二，在学校与企业的合作中，积极推动校企合作，以达到共赢的目的。通过双方的合作，组建联合实验室，高校可以从企业中获取研究资金，为学校带来更多的经济利益。高校通过与企业的合作，可以将企业的生产现场、生产设备和生产技术手段等作为高校的实践教学基地，从而降低了对教学场地和设施的投资。第三，高校筹措办学经费还可以采取与投资商联合办学的方式，也可以利用金融租赁等形式来筹集资金。通过多元化的筹措方式，可以有效地缓解高校在银行贷款方面的巨大压力，可以改善高校的资本结构，有利于促进高校的长远、健康发展。

（四）加强学校的资产管理

通过盘活现有资源、优化新增资源，不断提高资源利用率，最大化利用资产。首先，对高校的固定资产进行系统的改革，建立固定资产折旧制度。高校以自己的业务特点为基础，选择适合自己的固定资产折旧方法，并将使用年限、折旧率、净残值等因素考虑在内，将折旧额计算到成本费用中。其次，有偿向社会开放部分大型设备、设施和场地，使其更好地发挥资产的最大效用，获得更好的效益，更好地为社会服务。

（五）整合财务组织结构

要想实现目标就需要一定的载体，那就是组织。高校为了实现财务管理的目标应该调整财务管理组织结构，在进行调整的过程中，应该从自身的特点出发，立足于发展的需要，对各个科室的职能和责任进行明确划分，实现职责分明，要保证财务管理组织在调整之后可以更好地服务于高校的发展目标。

（六）完善预算管理体系

在财务管理中，财务预算有着非常重要的地位和作用，财务预算也是高校财务管理的中心工作，它贯穿学校财务管理的始终，是学校各项财务活动的依据和基础。预算管理是一种有效的管理手段，它能有效地、宏观地调控学校的发展，并能最大限度地发挥资源的优势，实现优化配置。当前，不管是高校经费的收入，还是高校经费的支出都呈现出多元化的发展态势，这就导致了在预算工作上，高校财政收支的变化更为复杂，更加难以把握，这也对高校财政预算管理提出了新的要求。为了更好地服务于高校的管理目标，必须加强学校的财政预算工作。

（七）加强防范高校财务风险

从商业银行进行过度贷款是导致高校金融风险的重要原因。高校在向商业银行借贷的时候，因为缺少必要的内部控制机制，也没有对其进行相应的可行性分析，所以往往会出现贷款金额过大的情况。在这样的情况下，一是给高校造成了很大的利息负担，二是导致高校不合理的资金结构，使得高校资金的流动性变得很差，严重的话，可能会造成资金链的断裂，这就使得高校面临很大的财务风险。

四、财务管理体制创新实践的配套措施

（一）建立和完善统一领导、集中管理和分级管理相结合的财务管理体制

目前，随着我国高等教育体制改革的不断深入，我国高等教育投资体系的多元化已初见端倪。高校在很多方面出现了很大的变革，比如资金来源、管理体制、科研成果转移、招生与分配、后勤社会化等方面，高校正在由单纯的事业型管理转变为多元化管理，并逐步发展为一个独立的、面向社会的法人实体。

当前，面对日益复杂的各种经济活动，高校财务管理的内容也随之发生了相应的变化，因此，高校必须构建统一领导、集中管理和分级管理相结合的财务管理体制，并在实践中不断完善。高校财务工作的统一领导，使其能够对资金进行有效的调配，加强对高校的宏观调控，保证了高校的可持续发展。但是，如果过于集中，就不能充分发挥各方面的积极性。一个较为科学的体制，应当是既有集中管理又有分级管理，实现统而不死，放而不乱。

（二）确立学校财务管理工作的指导方针

“严格、透明、效益、服务”是高校财务管理应该遵循的指导方针。所谓严格指的是依法进行财务工作，必须保持预算的严肃性；所谓透明，指的是避免非制度化的财务工作行为，要求财务工作透明化，财务信息公开化；所谓的效益，指的是在成本效益意识上应该加强，针对全校的财务活动进行全口径的成本分析工作，实现办学效益的提高；所谓服务，指的是作为财务人员应该树立起相应的服务观念，始终为教学工作、科研工作服务，对学校各项事业的发展不断给予支持。

（三）建立各级经济责任制

教育经费的使用应该注重投入与产出的科学效益。尤其是在当前我国经费紧缺的大背景下，如何提高资金的利用效率，将是我国高校财务工作面临的首要任务。在市场经济体制下，高校既要对政府负责，又要对社会投资人负责，作为独立的法人实体也应该对其资金使用效益负责。

在高校中，要实行不同层次的经济责任制度，强化学校的财务管理，提高学校的资金使用效益；对学校内部的各级经济责任制进行完善，把权利与义务有机地结合起来，在经济工作中，让各级领导、各个职能部门都要按照规定的方式来行使自己的权力，同时也要按照规定的方式来履行自己的职责，从而提升管理能力与管理水平，防止在财经工作中出现错误，对高校的发展造成不利的影响。

（四）强化财务管理职能

建立在会计核算的基础上，着重于强化财务分析，并建立一个专门的机构，将一些优秀的人员从日常的会计工作中解放出来，专心致志地从事财务分析工作。定期分析部门经费的使用情况，并编制分析报告，向校内和系内领导提供相关的财务资料和财务数据等信息。

（五）学校财务工作实行校长负责制

学校的财务工作主要由总会计师协助校长进行全面领导，经校长授权实行总会计师“一支笔”审批制度。只有这样，才能保证高校是以独立的法人地位对资金进行依法筹措，对资金进行统筹安排，对其进行了合理的规划，提高经费的使用效益，进行有效管理。财务部门作为学校财务管理的职能部门，在校长和总会计师的直接领导下，统一管理全校的各项财务工作。校内各学院及职能部门等一般均实行“一级核算，二级管理”、后勤管理处、纪律处、产业管理处、科学技术处等单位实行“二级核算，二级管理”。校办企业及独立法人的经济实体实行“独立核算”。校内二级财务机构、独立核算单位业务上接受财务处的领导和监督。

参考文献

[1] 辛妍 . 新时期高校财务管理与审计 [M]. 北京：新华出版社，2021.

[2] 胡服 . 中国高校财务管理探索 [M]. 昆明：云南人民出版社，2014.

[3] 吕素昌，孙永杰，徐娜娜 . 高校财务管理绩效评价研究 [M]. 北京：北京工业大学出版社，2020.

[4] 徐明稚 . 高校财务管理创新与财务风险防范机制研究 [M]. 北京：经济科学出版社，2020.

[5] 别荣海 . 财务绩效视角下高校管理制度创新研究 [M]. 北京：中国社会科学出版社，2012.

[6] 张远康 . 新时期高校财务管理问题研究 [M]. 天津：天津科学技术出版社，2019.

[7] 陈明 . 我国高校财务管理问题研究 [M]. 成都：西南交通大学出版社，2012.

[8] 高新亮 . 新时期高校财务管理创新探索与发展 [M]. 北京：中国水利水电出版社，2019.

[9] 田红 . 高校财务管理 [M]. 武汉：湖北科学技术出版社，2015.

[10] 张青 . 管理会计在高校财务管理中的应用研究 [J]. 现代商贸工业，2023，44（4）:156–158.

[11] 郑玉亭 ."互联网 +"思维在高校财务管理中的应用 [J]. 中国集体经济，2022（36）:107–109.

[12] 王淑梅 . 区块链技术在高校财务管理中的运用 [J]. 信息系统工程，2022（12）:79–82.

[13] 肖进 . 大数据时代高校财务管理信息化建设探究 [J]. 财经界,2022（36）:78–80.

[14] 郝菊玲，单为，宫梦洁 . 新时期高校财务管理创新发展探索研究 [J]. 中国乡镇企业会计，2022（12）:51–53.

[15] 吴静．高校财务管理信息化建设的优化策略[J]. 中国集体经济，2022（35）：154-156.
[16] 林钺．管理会计在高校财务管理中的应用及推广研究[J]. 商业会计，2022（22）：90-92.
[17] 刘文宇．互联网＋背景下高校财务管理优化研究[J]. 质量与市场，2022（22）：34-36.
[18] 王浩明，于丰．管理会计在高校财务管理中的应用[J]. 大陆桥视野，2022（11）：84-86.
[19] 朱明霞．高校财务管理目标的转变及实现路径分析[J]. 中国产经，2022（20）：106-107.
[20] 刘欢欢．新政府会计制度下X高校财务管理中存在的问题及对策研究[D]. 乌鲁木齐：新疆农业大学，2022.
[21] 莫秋宜．"互联网＋"高校财务管理创新研究[D]. 南宁：广西大学，2022.
[22] 杨勇．民办D职业学院财务管理信息化建设研究[D]. 成都：四川师范大学，2021.
[23] 孙田鑫．高校财务管理信息化平台建设研究[D]. 北京：中央民族大学，2021.
[24] 陈婧姝．H高校智能财务管理系统构建研究[D]. 长沙：中南林业科技大学，2021.
[25] 谢小乐．Q高校财务管理信息化建设研究[D]. 南昌：江西财经大学，2021.
[26] 刘九舒．河海大学财务管理信息化平台建设研究[D]. 兰州：兰州大学，2019.
[27] 苏扬．高校财务管理系统的设计与实现[D]. 苏州：苏州大学，2018.
[28] 殷实．基于"互联网＋"的D大学财务服务创新评价研究[D]. 大连：大连理工大学，2018.
[29] 李宛融．论数字化时代高校财务管理信息化[D]. 哈尔滨：哈尔滨师范大学，2017.